Passaggi Einaudi

www.einaudi.it

ISBN 978-88-06-24472-9

Luca Mercalli

Salire in montagna

Prendere quota per sfuggire al riscaldamento globale

Einaudi

Indice

Proemio

Un tempo per benedire un libro ci si rivolgeva alle Muse. Io per queste pagine mi sono fatto ispirare da due scrittori, uno è Mario Rigoni Stern, maestro di vita in montagna conosciuto prima sulla carta poi di persona, con le sue storie precise e coerenti sulla vita e la natura dell'Altipiano di Asiago; l'altro è Peter Mayle, che non ho mai incontrato se non nelle pagine di *Un anno in Provenza*, per l'ironia con la quale descrive l'insediamento di un londinese nelle terre del Midi francese verso la fine degli anni Ottanta del secolo scorso. Un libro da sei milioni di copie tradotto in quaranta lingue. Il punto d'incontro tra questi due territori e queste due vicende umane cosí diverse è a metà strada: l'Alta Valle di Susa, cuore delle Alpi Cozie, teatro di questo semplice racconto montano.

Troverete poi tanti riferimenti al clima alpino, il cui studio è il mio mestiere: questa vuole essere una narrazione autentica, una testimonianza vissuta della nostra contemporaneità in pieno cambiamento epocale, non ancora compreso nella sua portata. L'uomo vive di storie, e questa è una storia vera dove il clima è in sottofondo, silenzioso protagonista del nostro futuro.

Sono consapevole che la mia scelta non sarà una soluzione praticabile per chiunque e nemmeno voglio imporre un'unica interpretazione al complesso problema climatico e ambientale. Desidero però raccontarvi una vicenda con le sue luci e le sue ombre, ma con un bilancio sostanzialmente positivo in cui qualcuno potrà riconoscersi e calcare le stesse orme facendo meno errori di me.

Non sarò né il primo né l'ultimo a scegliere di vivere in montagna, l'importante è che vi sia stato un risultato fruttuoso, sia a livello individuale sia collettivo.

Salire in montagna

Dedicato ai montanari per scelta

Venerdí 17 marzo 2017

Chissà se a Luigi Francesco Des Ambrois de Névache sarebbe piaciuto il liceo che gli hanno intitolato a Oulx, suo paese natale nel cuore delle Alpi Cozie? Il nobile politico ottocentesco, ministro dei Lavori pubblici del Regno di Sardegna e poi presidente del Senato del giovane Regno d'Italia, era nato nel 1807 in un austero palazzo di questo borgo alpino, poco appariscente all'esterno e di sobrio decoro negli appartamenti interni. Forse per il nuovo liceo avrebbe preferito una certa continuità dell'architettura montana invece che uno strano edificio composto da una quarantina di aule circolari unite da corridoi: visto dall'alto sembra piú un deposito di carburanti, tanti cilindri grigio metallico con il tetto piano, non molto adatti alla neve invernale. L'hanno inaugurato nel 2009 i politici venuti da Torino cercando di far digerire la strana forma poco montana e molto urbana come frutto dell'innovazione che sempre – secondo loro – dovrebbe scardinare vecchi modelli per lasciare un'impronta del presente che avanza. Sarà pure cosí, ma quando lo raggiungo in mattinata, visto da fuori mi appare un po' come un meteorite piombato lí da un altro pianeta. Comunque è bello che esista questo liceo di montagna, quasi l'equivalente del Lycée d'Altitude che dal 1911 fa scuola nella vicina Briançon. Dunque entro, e trovo un ambiente piú accogliente delle mie attese, luminoso e giovane. Accompagnato da Paolo De Marchis, professore genovese di matematica e fisica dal quale sono stato invitato a tenere lezione – la lezione del caldo –, entro in auditorium e installo la mia presentazione sul computer. Suona la campanella. «Ragazzi – comincio – il riscaldamento globale sta cambiando il paesaggio delle nostre montagne. I ghiacciai si ritirano come mai hanno fatto in almeno cinquemila anni, la neve dura meno, animali e piante migrano sempre piú in quota per trovare il fresco mentre quelli della pianura risalgono conquistando nuovi territori. Qualcuna tra queste specie, arrivata in vetta si estinguerà, perché non può salire oltre. E il futuro, se non facciamo nulla per ridurre le emissioni fossili, sarà sempre piú caldo, avremo un aumento fino a sei gradi in piú a fine secolo, che è come portare il clima della costa ligure a Oulx. Siete fortunati ad abitare in montagna. Presto l'estate nelle grandi città diventerà invivibile ma qui si potrà ancora stare bene e si creeranno nuove opportunità professionali e di vita. Questa montagna però bisogna studiarla, comprenderla e difenderla, perché è fragile». Mah, avranno capito? O non penseranno anche loro di scendere a valle, di emigrare appena possibile a Milano o a Parigi per lasciare quelle rocce, quei boschi di provincia, per andare a immergersi nel traffico e nelle luci delle città, contribuendo anch'essi all'accelerazione della crisi climatica? Non si può sapere, come per mille altre lezioni si getta un seme. È passato mezzogiorno, esco da queste moderne aule cilindriche e vengo investito da una folata calda, troppo calda per la stagione: quasi ventuno gradi, nove oltre la media. Soffia un debole föhn, l'isoterma zero è a oltre 2800 metri, i prati sono spogli, non c'è traccia di neve.

Avevo barattato la lezione con un breve soggiorno al Rifugio La Chardousë, di cui mi avevano parlato bene, ai 1650 metri della borgata Vazon, proprio qui, sul versante sopra il liceo. Io e mia moglie Sofia ci incamminiamo dunque nel pomeriggio dal sentiero che parte dalla borgata Amazas, quota 1180 metri. Strano nome, del quale si danno le interpretazioni piú varie, forse di origine romana – Amalego – o saracena. C'è ancora sole e l'aria è tiepida e asciutta, però i prati rinsecchiti, giallastri, polverosi comunicano un po' di desolazione. Verso le 17 raggiungiamo la chiesetta di San Barnaba, isolata su un poggio con meravigliosa vista verso est e verso ovest. Da lí in pochi passi siamo alla frazione Soubras, adagiata a poco meno di 1500 metri su un ampio ripiano di prati, belle case alpine di pietra e legno purtroppo in gran parte cadenti e abbandonate. È tutto deserto, silenzioso, tranne il gorgoglio dell'antica fontana di pietra. Sembra una borgata fantasma, mi ricorda subito la Ainielle pirenaica nella *Pioggia gialla* di Llamazares. Indugiamo tra quelle case che trasudano passato e imbocchiamo il sentiero sassoso tra i larici.

La luce cala, il sole è ormai tramontato dietro la possente piramide dello Chaberton e si spande una luce tenue, ombrosa, ma non fa freddo. Dopo qualche tornante il sentiero sbuca su un altro pianoro del versante dell'Adreyt, cioè l'«indiritto», l'*adrit*, il solatío. Restano poche chiazze di neve vecchia e la maggior parte del suolo è grigio e polveroso, tra campi arati pronti per le patate e radi larici. Questo sentiero di mezza costa ci appare gradevole e si dirige a oriente su una balconata al cui termine intravediamo le venti case di Vazon, mascherate dall'intreccio di rami spogli di un filare di aceri montani. Attraversiamo un minuscolo ruscello ed eccoci tra grandi baite, una fontana di pietra datata 1857 coperta da un'invitante tettoia di legno con panchine, una cappella del 1710 e poi, poco appariscente nello stradello che conduce alla parte alta della borgata, l'ingresso illuminato del rifugio. Non ci facciamo caso ma lei è già lí che ci osserva salire. Chissà, forse attendeva da anni, forse non è altro che un caso, ma in quella penombra di una sera di marzo la grande casa di pietra spande su di noi un'aura impalpabile. Il rifugio è a nostra completa disposizione, ci accolgono Claudio e Valentina, che – giunti una dozzina d'anni prima dalla collina torinese – hanno deciso di ristrutturare una delle vecchie case di Vazon e di aprire un posto tappa con ristorante. La *chardousë* è lo spinoso cardo segnatempo, la *Carlina acaulis* abbondante su questi pendii, pianta officinale e tradizionalmente appesa alle pareti delle case e sulle porte per scacciare malocchio e malanni. All'interno del rifugio: pietra, legno, fuoco acceso, ambiente accogliente dove gustiamo la *soupe grasse*, piatto povero di queste montagne a base di pane, brodo e formaggio, gratinato al forno. C'è una grande stellata e usciamo fuori a osservarla dai tavoli esterni che sono proprio di fronte all'ampia facciata di quella casa buia e silenziosa.

Sabato 18 marzo 2017

Scendiamo svelti mentre soffia il föhn e il cielo si è coperto di strati grigi e opachi. Un'occhiata al muro della casa antistante il rifugio rivela la data di costruzione scalpellata su una pietra che non avevamo osservato la sera prima: 1732 WATC. Cosa vorrà dire? La W si trova su tutte le vecchie case del circondario, significa probabilmente *vivat*, «evviva», un augurio, un buon auspicio per l'edificio e i suoi abitanti. Le altre lettere sono forse le iniziali dei fondatori. Giriamo la schiena a queste pietre vetuste e scendiamo. In bassa valle già fioriscono ciliegi, peschi e albicocchi, e nel nostro orto i piselli sono nati. A fine mese, che sarà uno dei marzo piú caldi della storia, il paesaggio di pianura e bassa montagna già comincia a verdeggiare, il 9 aprile seminiamo le patate e il 10 aprile sentiamo per la prima volta della stagione il verso del cuculo.

Sabato 15 aprile 2017

A Claviere, per recupero del fondo di documenti su clima e valanghe appartenuto a Filippo Todaro, partigiano, deportato in Germania, studioso di nivologia: la neve fonde rapida nel lariceto, soldanelle in fioritura, primavera che avanza. Riempiamo un'auto di libri, carte, registri e cimeli nivologici destinati alla biblioteca dell'Osservatorio meteorologico di Moncalieri, e passiamo distrattamente nel fondovalle sotto Vazon, senza pensare alla visita di un mese prima.

Mercoledí 3 maggio 2017

Darfo Boario Terme, in Val Camonica. Partecipo al festival OltreConfine. Dopo la conferenza, al bar si parla di natura e di Rigoni Stern. Il giornalista Massimo Tedeschi mi segnala che nel non lontano Vestone, paese di cui Rigoni Stern è cittadino onorario, è custodito nella Biblioteca Ugo Vaglia un inedito dello scrittore dal titolo *La Natura nei miei libri*. Mi crea un contatto con la biblioteca che mi manderà con squisita disponibilità la riproduzione di dieci cartelle dattiloscritte contenenti il tema discusso da Rigoni nella conferenza vestonese del 16 settembre 1989, derivante da un suo precedente intervento del 1988 all'Istituto Italiano di Cultura di Amsterdam. Questo inatteso ritrovamento su un tema oggi cosí attuale sarà oggetto di una mia presentazione ad Asiago nel novembre successivo, ma pure occasione per riallacciare antichi ricordi con l'Alta Valle di Susa.

Venerdí 16 giugno 2017

Saliamo alla cappella della Madonna del Cotolivier per effettuare un breve filmato televisivo sui rischi dell'esposizione della pelle al sole. Gran sereno, cielo limpido e luminoso. I prati fioriti e i larici verdeggianti fanno trionfare l'estate alpina. La casa è sempre lí, la sfioriamo, la ignoriamo, non sappiamo che ci chiamerà tra poco.

Nostra Signora della Luce.

Lo sperone montuoso che dalla Punta Clotesse si stende con morbide forme coperte di pascoli e lariceti verso oriente a separare la Dora di Bardonecchia dalla Dora Riparia termina con un modesto vertice a 2105 metri: il monte Cotolivier. Qui domina un piccolo edificio in muratura, sulla cui facciata vi è questa targa a smalto: «Storia della cappella sulla punta Madonna di Cotolivier. Nel sito dove fu edificata questa Cappella esisteva un antico oratorio dedicato a Notre Dame de Lumière e la sua costruzione avvenuta verso il 1650 fu motivata dal fatto seguente: verso quell'epoca fecero ritorno dalla Francia due viaggiatori del Vazons; passando per i piccoli sentieri delle vicine montagne furono sorpresi nella notte da una spaventosa tempesta, sí che si smarrirono fra le rocce. In sí grave pericolo, nuovamente in ginocchio implorarono l'aiuto della Beata Vergine affinché ritrovassero la via. Raccontano i viaggiatori che, subito, si trovarono avvolti da un certo chiarore che, precedendoli, li guidò sino a questo sito, salvandoli cosí da certa morte; perciò, in questo stesso punto, edificarono un oratorio, dedicato alla Madonna della Luce. Questo è il fatto raccontato da uno dei discendenti dei suddetti viaggiatori al sottoscritto che, in buona fede, lo trasmette ai posteri. Pierremenaud, li 20.03.1903, Barbier Joseph (la festa di Notre Dame de Lumière viene celebrata ogni anno la domenica piú vicina al 20 giugno)». Con tempo sereno il panorama è vastissimo e luminoso, non avendo vette vicine che ombreggino la vista, ma non si fa fatica a credere che durante una tormenta anche questi ameni territori si possano trasformare in una minaccia per la vita, quando tutto è bianco, cielo, nebbia, neve e suolo e il gelo morde volto, mani e piedi. Cosa voglia poi dire Cotolivier è difficile spiegarlo. Sui cartari della prevostura di Oulx è indicato un monte Capatenicus ma non si sa se sia quello… poi diventò Cotorovie, Cote Orovie, Catalovié… Mah, misteri della toponomastica, ce ne sono tanti qui attorno.

Giovedí 20 luglio 2017

Dal rifugio di Vazon ci telefonano: «Mettono in vendita la casa a fianco a noi, vi interessa? Ci sembrava che vi piacesse il luogo e abbiamo pensato di dirvelo». Perché no? Saliamo per un incontro con i proprietari francesi, Danielle e Jean-François, la casa era di Jacqueline, sorella di Danielle, di famiglia originaria di queste contrade. Prima visita dell'interno, fa sempre curiosità sbirciare in case altrui. Le parole sono poco efficaci per descrivere una planimetria, ma trasmettono impressioni non misurabili in metri quadri, come nella minuziosa descrizione della rancida pensione parigina della vedova Vauquer che occupa le prime cinque pagine di *Papà Goriot*. Entriamo dunque dal portone di legno sulla stradina, all'interno è molto buio, gli occhi fanno fatica ad abituarsi. La prima sensazione che ricevono è quella di trovarsi dentro un paesino in miniatura, tra le quinte di un presepio: scalette in pietra, soppalchi e assiti sconnessi, una sorta di vicoletto curvo che mette sotto un arco, vecchie porte e cianfrusaglie, cantine scure e muffose. Percorriamo nell'oscurità il passaggio interno di terra battuta, entriamo nella cucina con volta a botte affumicata dall'antico focolare ora sostituito da una grossa stufa di ghisa smaltata di bianco con la scritta FEU CONTINU; bella la piattaia di legno murata nella parete interna, a destra una credenza anni Trenta con stoviglie sbeccate, al centro un grosso tavolo traballante coperto da una tovaglia cerata. Al primo piano, cui si giunge con una scala irregolare di pietra, ecco un'autentica camera da letto pastorale, con i muri a calce e il bell'armadio settecentesco di larice, una piccola stufa in ghisa con le zampine cosí corte che sembra una pentola panciuta appoggiata sul pavimento. Altre stanze, alle quali si accede da una ripida rampa, sono state invece parzialmente modificate negli anni Settanta con pavimento in brutte piastrelle e muri divisori di mattoni, sono zeppe di mobili di bassa qualità, reti di letto e materassi coperti da teli di polietilene impolverati, vecchi attrezzi mischiati a oggettacci di plastica, si capisce subito che questa parte si potrà demolire e rifare completamente. In un angolo una grande slitta da trasporto persone dipinta di blu. Fantastica! Da restaurare come pezzo da museo. In una camera la grande madia per il grano e la pasta, in un'altra l'enorme arca per la conservazione delle patate scavata in un unico tronco: la apriamo, è piena di vasetti di vetro di recupero. Sopra di noi ancora travature, legname, fieno, reti di letto, ciarpame di ogni genere e infine un gran tetto di lamiera ondulata arrugginita pieno di spifferi, ovviamente da rifare. Ma ci vuole sempre un dettaglio che catalizzi l'attenzione del nostro cervello, che faccia la differenza tra una percezione neutra e una passione irresistibile. Lo troviamo nella stalla, seminascosto da un enorme cumulo di legna da ardere, fascine, scatoloni, sacchetti di plastica, corde, attrezzi agricoli. Alla fioca luce di una lampadina da quaranta watt appesa alla volta a crociera, quel dettaglio è il pilastro centrale che regge la casa. Una colonna rotonda in pietra con capitello datato 1905. È un tocco di nobiltà che rende questo edificio rurale unico e gli conferisce una sua personalità. Da quel capitello irradia un fluido ammaliatore che sembra sussurrarci: dài, firmate subito l'atto di vendita e venite ad abitare qui! La colonna ci prende per incantamento. Comunque per ora scattiamo una raffica di fotografie per ragionarci su, e chiediamo il prezzo: né troppo caro, né troppo poco, comprensivo di sei ettari di terreni, frammentati purtroppo in oltre cinquanta particelle catastali. Le imposte si richiudono facendo ripiombare nelle tenebre quei locali, ci scambiamo email e telefoni e torniamo a valle. In macchina iniziano i ragionamenti. Che fare? Bella è bella, certo, per ora è un gran mucchio-di-pietre che bisognerà trasformare in un guscio-di-legno. Ci vorranno soldi, tempo e pazienza. Sí? No? Non lo so, pensiamoci…

Sabato 29 luglio 2017

Dopo una settimana di valutazioni, di consultazione di planimetrie e di varie fantasticherie, torniamo a Vazon per dare un'occhiata piú approfondita ai dintorni. Nel pomeriggio scoppia un temporale intenso e scendiamo in auto per il bosco verso

Château Beaulard dove devo tenere una conferenza sul futuro dell'agricoltura di montagna. Ci becchiamo una bella grandinata e ci ripariamo sotto il portico della chiesa di San Bartolomeo, dove si terrà l'incontro. Teorizzo che la montagna oggi trascurata e spopolata verrà riabitata sotto l'incalzare del riscaldamento globale e segretamente penso che sarò il primo a fare questa scelta.

Sabato 5 agosto 2017

Ollomont, Valpelline. Siamo a Casa Farinet, a duemila metri, nella conca di By. Ogni tanto capitiamo qui da Daniela Fornaciarini, giornalista della Radiotelevisione svizzera italiana, erede di questa isolata e nobile casa alpina che ospitò Luigi Einaudi come da targa di bronzo posta in facciata: «Nella maestà, nella pace di questi luoghi, cari per memorie storiche e favolose, tra fidi e ospitali amici Luigi Einaudi amò trascorrere numerose estati semplice nel costume grande nel pensiero e negli atti, amoroso della sua Italia nella diversa fortuna». Qui fuori, tra vasti pascoli verdeggianti, riflettiamo sulla scelta di comprare Maison Vallory-Durand a Vazon: Daniela, grande esperta di conduzione di questi immobili d'alta quota ci illustra le difficoltà e i pregi. Alla fine anche questa giornata peserà sulle nostre scelte.

Venerdí 11 agosto 2017

Rientrando da Bardonecchia facciamo un detour a Vazon: la strada del Cotolivier ci diventa sempre piú familiare. Costruita nel 1939 dal Genio militare del Regio esercito italiano ha pendenza regolare perché fu progettata per il transito delle camionette destinate a trasportare materiali ai centri di fuoco del Vallo Alpino – Guardia alla frontiera del Settore di copertura VIII, Caposaldo del Passo di Desertes. Ha inizio dagli ultimi villini turistici di Oulx e penetra nel bosco misto di pini e larici. Oggi asfaltata, compie un paio di ampi tornanti per prender quota fino alla frazione di Pierremenaud, a 1442 metri, poi si apre su alcuni pascoli con gran vista sull'Alta Valle di Susa, Oulx, il vasto alveo ghiaioso della Dora Riparia, il casello autostradale di Salbertrand e in fondo la piramide del Rocciamelone.

Poi piega a nord verso le alte antenne per telecomunicazioni di Serre Grassin, fortunatamente immerse tra la vegetazione e non troppo impattanti: d'altra parte se vogliamo essere connessi con la rete dobbiamo dir grazie a loro. La strada curva dietro un costone e passa sotto un meraviglioso lariceto di fusti dritti come candele, alti almeno una trentina di metri, attraversa una radura con un paio di tavoli di legno, luogo suggestivo ma talora assaltato da gitanti estivi, prosegue nuovamente tra larici e abeti e improvvisamente emerge sul versante esposto a sud, dove il bosco fresco e umido cede il posto ai pascoli, ai seminativi e alle praterie aride. La vista si apre prima sul Fraiteve, la cima di 2702 metri vertice delle piste da sci di San Sicario e dall'altro versante di quelle di Sestriere, poi spazia nell'ampia conca di Cesana, con i Monti della Luna al confine con la Francia, una distesa di morbidi pendii erbosi che nulla hanno a che fare con i Monti della Luna africani dove gli antichi immaginarono le sorgenti del Nilo. Si vedono ora le case di Vazon, nella conca sotto la vetta del mansueto monte Cotolivier. La strada ex militare che ha sostituito l'antica mulattiera porta le macchine e le moto in quota, fino al colle Pourachet, 2048 metri, ma è ben fatta, con i suoi muretti a secco, vecchi come la vita di un uomo, che avrebbero soltanto bisogno di un po' di manutenzione per non crollare. Lo capiremo tra qualche mese.

Domenica 20 agosto 2017

Di nuovo a Bardonecchia, e di nuovo risaliamo a Vazon. Questa stradina nel bosco, cosí pieno di luci verdognole, di profumi di resina, ha il potere di cambiare immediatamente l'umore in meglio. È come la porta di un mondo parallelo: abbandoni quello urbanizzato per entrare in quello ancora relativamente naturale della montagna, della foresta, del selvatico. Gary Snyder: «La natura non è un posto da visitare, è casa nostra».

Domenica 27 agosto 2017

Al colle del Sommeiller per girare un servizio televisivo sulle misure di temperatura del permafrost e sul ritiro dei ghiacciai. Germano Sommeiller fu uno degli ingegneri del Regno di Sardegna progettisti del traforo del Frejus. In questo giogo montuoso negli anni Sessanta del Novecento fu costruita un'arditissima strada di 24 chilometri che arriva a 3000 metri di altitudine dove fu aperta una piccola stazione di sci estivo, con un rifugio ristorante in un prefabbricato di lamiera e uno skilift disteso sul ghiacciaio francese del Sommeiller. Oggi resta il plinto di cemento dell'impianto ormai smantellato a ricordo di una breve stagione del divertimento d'alta quota interrotta dal riscaldamento globale: il ghiacciaio giace ora una cinquantina di metri piú in basso, in agonia sotto il sole estivo, ricoperto da detriti rocciosi e percorso da ruscelli d'acqua di fusione. Terminata l'ennesima intervista che non servirà a cambiare il nostro atteggiamento verso la crisi climatica, passiamo a Vazon dove si tiene la cena estiva della borgata, nel dehors del rifugio, proprio davanti alla casa. È una serata mite, inusuale stare in maniche corte dopo il tramonto a quota 1650 metri, lume di candela, aria tranquilla, limpida, suoni pacati, voci soffuse tra abitanti e frequentatori del posto, che iniziamo a conoscere, serenità, insalata russa e salsicce. Guardiamo quelle finestre chiuse sopra di noi, quella facciata di pietra austera ma nello stesso tempo aperta, solare, positiva: sarà nostra tra un po'?

Cambiare sentiero.

Non è facile prendere la decisione di acquistare questo mucchio-di-pietre. Certo, ci è sempre piaciuto stare in montagna, e già ci stiamo, però a bassa quota, a 500 metri, al limitare tra la pianura di Torino e l'imbocco della Valle di Susa. Abbiamo una piccola casa rurale ottocentesca resa energeticamente autosufficiente con pannelli fotovoltaici e collettori solari termici per l'acqua calda, abbiamo un bell'orto, siamo quasi nel bosco ma con autostrada e stazione ferroviaria a cinque chilometri e centro di Torino a mezz'ora d'auto. Perché andare a prendersi una seconda casa? Non basta questa? La molla che ci spinge a salire in quota è il troppo caldo. Le estati sono sempre meno gradevoli, temperature frequentemente sopra i 35 gradi, molto afose, e poi il flagello della zanzara tigre, arrivata con i trasporti marittimi a Genova dal Vietnam e dopo la bollente estate del 2003 naturalizzata anche qui. Ci ha rovinato la vita sociale estiva, non si può piú mangiare fuori sul nostro tavolo di pietra, il forno a legna per le pizze che un tempo accendevamo tutte le settimane con grandi convivi di amici è oggi negletto, pieno di ragnatele, perché se ti azzardi a cenare all'esterno devi mettere in conto una lotta continua contro nugoli inesauribili di insetti pruriginosi (e vettori di quattro malattie tropicali). Non avrei mai detto che a luglio sarei finito a mangiare chiuso in casa con il condizionatore acceso anche qui, in mezzo alla natura, non diversamente da quanto facevo in città. E poi la siccità: l'orto soffre di questi caldi senza piogge estive, l'abbiamo sempre coltivato con cura e soddisfazione, ma ora è sempre piú impegnativo, abbiamo dovuto installare un impianto di irrigazione a goccia per razionare la poca acqua che raccogliamo parsimoniosamente dal tetto nella cisterna. Ma non basta mai e a fine estate siamo a secco. Gli scenari climatici con cui lavoro tutti i giorni dicono che questo è appena l'inizio, che nei prossimi decenni avremo estati sempre piú calde e asciutte, africane. Quindi migrare verso l'alto è questione di lungimiranza, di strategia per la vecchiaia. Per godersi ancora delle estati senza bisogno del condizionatore, per coltivare un orto di montagna, per vedere ancora la neve. Sarebbe sciocco non farlo, e poi, proprio io che divulgo queste informazioni non dovrei utilizzarle per primo? È da stupidi! Allora è fatta, si compra e si ristruttura e poi ci si trasferisce lassú almeno d'estate.

Però, però… quanti soldi da spendere, quanto lavoro prima di poterci stare. Siamo sicuri di farcela? E poi in queste Alpi occidentali cosí culturalmente chiuse, piene di diffidenza e di rancori, dove sappiamo che saremo sempre stranieri perché non nativi del posto. Non sarebbe meglio passare semplicemente delle belle vacanze in qualche agriturismo alpino, oggi in Trentino, domani in Alta Savoia? Costerebbe di meno e non ci ritroveremmo con tutti gli oneri di ristrutturazione e manutenzione di una casa in piú e la fatica di costruire delicati rapporti locali. Stiliamo un elenco di pro e contro:

ASPETTI POSITIVI

- Antica architettura alpina di pregio, da salvare dal degrado.
- Edificio asciutto e sano.
- Borgata alpina tipica e non compromessa da architetture inadatte.
- Quota di sicurezza contro il riscaldamento globale che verrà.
- Località non esposta a rischi geoidrologici, non esposta a valanghe, frane e alluvioni.
- Disponibilità di terreni agricoli e forestali annessi per autosufficienza alimentare ed energetica.
- Vasto panorama sulle grandi Alpi interne.
- Accesso stradale estivo con terreno adiacente all'ingresso per parcheggio auto nostre e ospiti.
- Vicinanza rifugio, come servizio pubblico e sociale. Turisti di qualità come risorsa, incontri inattesi e scambi di idee e saperi.
- Regione alpina servita da stazione ferroviaria internazionale e autostrada.
- Possibilità di restauro secondo i propri desideri estetici ed energetici.

ASPETTI NEGATIVI

- Casa non indipendente su tutti i lati.
- Difficoltà di adeguamento antisismico, anche in relazione all'edificio retrostante addossato.
- Strada non percorribile in inverno per mancanza di servizio comunale di sgombero neve.
- Importanti costi di ristrutturazione, casa di grandi dimensioni, superiori alle nostre necessità.
- Vincoli architettonici e paesaggistici che complicano le autorizzazioni edilizie.
- Tetto con falde est-ovest, non ottimale per pannelli solari.
- Dehors del rifugio antistante alla facciata, rumore e poca privacy.
- Tasse di proprietà elevate come seconda casa.
- Forte vincolo e condizionamento della vita futura.

Dopo mille simulazioni, discussioni, autoconvincimenti e delusioni, sogni audaci e cauti ripensamenti, la decisione è presa: rinunciamo!

Sabato 9 settembre 2017

A malincuore, ci tocca salire a Vazon in mattinata per un mesto incontro con i proprietari francesi: decliniamo l'acquisto, casa troppo costosa, troppi vincoli per il restauro. È il momento di maggior scoramento, il sogno durato poco piú di un mese sembra tramontato definitivamente. Nel pomeriggio, giusto per non abbandonare del tutto il progetto, passiamo in agenzia immobiliare a Beaulard per trovare eventuali alternative locali. Dopo lunga siccità, finalmente piove. È bello dopo tanto sole e secco vedere nubi grigie e scrosci d'acqua sui boschi polverosi e assetati. Fa venire voglia di rintanarsi in casa. Ma quale casa? Sfogliamo raccolte di fotografie e planimetrie di case vecchie e nuove e non troviamo nulla che regga il confronto con quanto abbiamo appena lasciato.

Domenica 1° ottobre 2017

Sono a Brescia a una fiera di libri in piazza. Mia moglie è invece alla Fiera Franca di Oulx, gran mercato di montagna che si tiene da oltre cinquecento anni. Ne approfitta per salire al Vazon: folate di nebbia sbuffano tra gli aceri di monte in veste giallo oro, lieve stormire di foglie autunnali, mi manda le foto sul telefonino. È un richiamo irresistibile. Vorrei catapultarmi lassú con il teletrasporto. Va bene, proviamo ancora a vedere se si trova una casetta piú piccola, piú adatta al nostro uso, meno impegnativa. Lí o nelle vicinanze.

Ode al clima asciutto e luminoso delle Alpi interne, anche se mi piace la pioggia.

Da anni uno degli slogan turistici di Briançon è «Trecento giorni di sole all'anno». Ed è vero, perché queste regioni interne delle Alpi, tra Brianzonese, Alta Valle di Susa e Moriana, sono effettivamente tra le piú asciutte e soleggiate, al pari del Vallese centrale e della Val Venosta. Qui in Alta Valle di Susa abbiamo un clima quasi mediterraneo e, come sempre in montagna, con molte sfaccettature. A Vazon c'è la steppa asciutta e cotta dal sole sul versante sud, ma fai poche decine di metri e ti trovi nel versante nord del Cotolivier, fresco, ombroso, muschioso. A Briançon cadono circa 750 millimetri di pioggia all'anno, a Oulx ancora meno, al pluviometro automatico della frazione Gad siamo soltanto a 563 millimetri all'anno in 76 giorni, tecnicamente si tratta di un'area di xericità intralpina, in pratica è un valore da zone aride pugliesi! Basta spostarsi di una cinquantina di chilometri dove la valle sbocca in Pianura padana per arrivare a piú del doppio, laddove i venti umidi del golfo ligure scaricano tutta la loro acqua contro le prime montagne che incontrano, come a Viú, nelle Valli di Lanzo, dove ne cadono 1350 millimetri. A Vazon non ci sono stazioni di rilevamento – la installerò poi io davanti a casa – ma suppongo che piova e nevichi un po' di piú del fondovalle, per via dell'effetto versante che sollecita le nubi a produrre piú precipitazioni. Infatti alla stazione automatica del Rifugio Rey, cinque chilometri piú a ovest e a 1800 metri di quota, cadono 730 millimetri di pioggia e neve fusa, in 84 giorni. È comunque sempre pochina, sia per l'agricoltura, che deve fare i conti con la siccità estiva, sia per uno a cui piace la pioggia come chi scrive! Il geografo Raoul Blanchard introdusse la classificazione delle Alpi verdi e Alpi gialle: sono verdi quelle a elevata piovosità estiva, dove i frequenti temporali mantengono i pascoli sempre freschi e rigogliosi, l'ideale per l'allevamento bovino. Qui nel bacino della Dora Riparia siamo sul confine delle Alpi verdi, che si sviluppano a nord, verso l'Alta Savoia e in Italia dal settore Lanzo-Valchiusella-Orco fino alla Carnia. A sud di una linea immaginaria, che passa in Francia dal Lautaret, dalla Valle della Clarée e poi proprio dall'Alta Valle di Susa, siamo invece nelle Alpi gialle, dove la siccità estiva rende i pascoli stepposi, magri, adatti alle capre piú che alle vacche. La costiera che va dallo Chaberton a Bardonecchia è dolomitica: rocce chiare, vasti ghiaioni fasciati alla base da boschi. Ma rispetto alle Alpi orientali cambia il colore dei pascoli, qui piú giallastri e stepposi per le estati asciutte, là piú smeraldini e brillanti, in ragione del massimo annuale di piovosità che cade in luglio e agosto, e quindi disturba il turismo delle escursioni. Non si può avere tutto dalla meteo! Qui lo slogan pubblicitario potrebbe essere: «Come le Dolomiti, ma piove meno». Stesso discorso per la neve, al Rey ne cadono in media 330 centimetri per inverno, in genere da ottobre a maggio, mentre alla Diga di Morasco, in alta Val Formazza, sempre a quota 1800 metri, ne cadono quasi cinque metri. Il Lago Chiotas a 2000 metri in Valle Gesso riceve ogni inverno circa 6,5 metri di neve, Sestriere solo 3,7 metri! Da un lato qui la neve è appena sufficiente per gli sport invernali, dall'altro è quella la ragione della facilità di transito transalpino bimillenario di questa regione, meno soggetta a valanghe e rigori invernali. Ma allora, mi domando da solo, se ti piacciono tanto la pioggia e la neve e le bufere, perché non hai scelto una baita in un altro posto? Proprio nel polo asciutto delle Alpi occidentali dovevi venire? In realtà c'è un fattore compensativo alla siccità che è la bassa umidità dell'aria e l'elevata luminosità atmosferica: questo vuol dire che d'estate non si suda e non ci sono le nebbie e le foschie che impestano tutte le vallate prossime alla pianura, rubando mesi di panorami. Nel solatío Queyras la «nebbià» è chiamata col vocabolo italiano e non francese, proprio in quanto quasi sconosciuta se non quando trabocca dai colli attorno al Monviso arrivando dal Piemonte. D'estate, praticare alpinismo ed escursionismo nelle Alpi occidentali, tranne che in Alta Valle di Susa e alta Valle d'Aosta, vuol dire partire con un gran sereno all'alba e trovarsi a non veder piú nemmeno i propri piedi dopo mezzodí per lo sviluppo dei cumuli alimentati dall'umidità e dall'afa delle basse quote. Tutta questa torbidità non riesce a raggiungere le zone interne come l'Alta Valle di Susa, arrestandosi nella stretta gola di Exilles. Certo, per gli standard di limpidezza del bacino di Oulx la borgata Vazon è sotto soglia, visto che spesso d'estate, a fine pomeriggio, le si forma sopra un banco di nubi locali, una sorta di cappuccio di nebbia spesso poche centinaia di metri che sale da Beaulard e si dissolve sul Soubras, probabilmente per effetto della brezza calda e umida che monta dalla pianura, dopo aver forzato la stretta di Pont Ventoux. Per questo gli abitanti di Vazon sono soprannominati «la *nebbla*», i nebbiosi, e quella nube è stata da tempi immemorabili chiamata – dagli altri che la osservano mentre sono al sereno – «la *vasounhêrë*». Ma è questione di poche ore, poiché di notte, cessata l'alimentazione di aria umida dal fondovalle, si dissolve rapida e tornano le stelle. Piccola cosa rispetto alle pervasive nebbie stagnanti che intasano le valli umide di Lanzo o del Biellese per giorni e giorni, brandelli di nube come stracci grigi imbevuti d'acqua che si impigliano tra rocce e alberi e oscurano ostinatamente l'azzurro. Tutto è relativo. La carta d'identità meteorologica di una località, pochissimo conosciuta in termini quantitativi (sfido chiunque a descrivervi un luogo dicendovi quanto vi nevica, piove e fa sole) è a mio avviso una delle piú potenti forze naturali che plasmano il paesaggio. Dalla temperatura e soprattutto dalla quantità di precipitazioni e durata della neve dipende in gran parte il tipo di vegetazione, cioè la differenza tra un deserto e una foresta. Dipende la possibilità di praticare l'agricoltura e l'allevamento, e con quali pratiche, con irrigazione o senza. Dipende la possibilità di abitare o meno un luogo, qualora gli eventi estremi e severi impediscano insediamenti permanenti. Il clima foggia paesaggio e uomini piú di quanto si pensi.

Domenica 8 ottobre 2017

Nella stessa borgata c'è un'altra piccola casa in vendita, già ristrutturata. Andiamo a visitarla al mattino. Però a prima vista non fa per noi. Scendiamo veloci a mezzodí, la sera ho l'aereo per Bari, Festival dell'Acqua. In auto pensiamo se sí o no. Riflettiamo sul valore della montagna per noi, come fuga dal caldo ma pure fuga da una civiltà distruttiva e invadente, per non soffrire a veder ciò che resta del nostro paesaggio saccheggiato, violentato, cementificato, cintato, infrastrutturato, urbanizzato. Il naturalista americano Aldo Leopold disse che avere avuto un'educazione ecologica ti condanna a vivere in solitudine in un mondo di ferite, perché i danni inflitti al territorio sono quasi invisibili all'uomo della strada. Chi invece li riconosce soffre continuamente per quelle ferite. Lassú è ancora una zona poco toccata dallo «sviluppo», anche se forse non per molto. Speriamo che per qualche decennio vi si possa ancora gustare la bellezza del pianeta Terra.

Sabato 21 ottobre 2017

Intervengo al corso «Giovani agricoltori in montagna», promosso dalla Fondazione Nuto Revelli, nella restaurata borgata Paraloup di Rittana, a 1360 metri in Valle Stura di Cuneo. È un luogo simbolo della Resistenza italiana durante la Seconda guerra mondiale, ma anche simbolo oggi della volontà di ridare una vita e un futuro ai luoghi marginali delle montagne italiane. Eppure è un percorso per nulla facile: tutti quelli che incontro mi parlano di tanti ostacoli e pochi successi.

Come non fare agricoltura in montagna.

Spesso ci si lamenta perché i prati e i seminativi della montagna vengono sempre piú abbandonati e invasi dal bosco, cancellando un antico paesaggio umano. Non tutti i terreni occupati un secolo fa dall'agricoltura di montagna erano adatti, talora erano l'esito di una pressione demografica che aveva spinto lo sfruttamento del magro terreno oltre i limiti della sostenibilità, per compensare la fame, causando deforestazione ed erosione del suolo. È quindi un bene che il bosco, finalmente indisturbato, negli ultimi settant'anni si sia ripreso una parte di territorio di sua pertinenza. Ma è pur vero che in alcune zone vocate e nell'intorno degli antichi nuclei abitati è un peccato perdere un'agricoltura locale di tradizione millenaria e un paesaggio fatto di prati falciati e radure. Chiunque voglia oggi fare piccola impresa agricola in montagna sbatte però la testa contro mille ostacoli. Si comincia come sempre dalle tare antropologiche locali: diffidenze, litigi e miserie umane che impediscono la compravendita dei terreni o alimentano speculazioni intollerabili. Si prosegue con la frammentazione fondiaria e con le esose tasse di registro, che penalizzano la formazione di proprietà accorpate, adatte a un minimo di meccanizzazione: in alcuni microcampi non può nemmeno girare un trattore che sei già sulla proprietà attigua. Si va avanti con una legislazione amministrativa pensata per la grande impresa agricola di pianura, pesantissima da ottemperare per le piccole aziende d'altura:

eccesso di burocrazia, rigidità procedurale, necessità di avere competenze informatiche che distolgono energie da chi dovrebbe concentrarle nei campi, obbligo di regolarizzare anche le brevi collaborazioni stagionali che un tempo erano frutto di cooperazione collettiva e venivano pagate in natura. Oggi per una giornata comunitaria di raccolta delle patate, se presti la tua opera per un'azienda ancorché piccola in cambio di un sacco di tuberi, si è tutti passibili di andare in galera per evasioni fiscali, previdenziali, assicurative. Infine fare agricoltura, soprattutto se sostenibile ed ecologica, non è facile perché si lavora all'aperto, succubi delle bizze meteorologiche, senza possibilità di pianificare il risultato, di attuare orari standardizzati e sempre esposti all'evento estremo – gelata, grandinata o attacco patogeno – che può spazzar via un anno di lavoro. Non è un'attività meccanica programmata al millimetro nel chiuso di uno stabilimento. Se si ergono tutti questi ostacoli, una gabbia normativa assurdamente piú vincolante degli stessi limiti fisici, come volete che dei giovani possano scegliere questa via e insediarsi in montagna a fare coltivazioni che, sebbene eccellenti per qualità, sono modeste per quantità, scomode nelle pratiche agronomiche e poco remunerative?

Mercoledí 25 ottobre 2017

Vazon emerge tra la cappa di fumo dei disastrosi incendi in bassa valle, causati da un'eccezionale siccità autunnale. Dal nostro punto d'osservazione, in mezzo ai prati ingialliti respiriamo un'aria densa che sa di bruciato, il sole appare rosso tra i fumi. Forse è meglio far di tutto per stare in alto, dove fa piú fresco, dove ci sia ancora spazio, terra, e speriamo acqua. Non saremo al sicuro dagli incendi nemmeno qui, ma sempre meglio che in mezzo a paesi affollati. Intanto nella nostra mente il pensiero ha fatto il suo lungo corso, in tre mesi le alternative sono state soppesate, la passione ha lottato con la razionalità e alla fine la nuova decisione è presa, telefoniamo ai francesi per rilanciare l'acquisto.

Giovedí 2 novembre 2017

È una bella giornata soleggiata, mite. Saliamo a Vazon per un sopralluogo con l'architetto, che è anche mia sorella Elena. Prendiamo misure, facciamo schizzi e immaginiamo disposizioni di spazi interni. Togliamo i cartelli VENDESI dalla facciata! L'obiettivo è redigere i progetti di ristrutturazione durante l'inverno per trovarci pronti con il cantiere estivo, subito dopo la firma dell'atto d'acquisto.

Domenica 19 novembre 2017

Saliamo ancora una volta in auto alla casa, poi nevicherà e la strada verrà chiusa. Rientrando a valle la sera, nel bosco ormai scuro, sappiamo che inizia una lunga fase di attesa prima di poter abitare tra quei muri di pietra.

Dall'ipermobilità globale alla microgeografia locale.

Nell'era dei viaggi aerei compulsivi, del selfie esotico a tutti i costi, sempre di piú mi attira il dettaglio di una microgeografia locale. Concentrarsi su un posto per approfondirne la conoscenza invece che saltabeccare come schegge impazzite sul globo terracqueo, producendo emissioni di CO_2 e capendo assai poco di storia, ambiente e cultura di luoghi consumati piú che visitati. Un approfondimento locale che non vuole essere limitato provincialismo bensí intensa condivisione tra l'essere umano, l'ambiente che lo attornia e la sua storia naturale e sociale, compatibile con la sua scala dimensionale che è dell'ordine di qualche decina di chilometri, quelli che si possono osservare sul proprio orizzonte, quelli che si possono percorrere a piedi in una giornata. Kant, che nel 1732 – la data incisa sul nostro muro – entrava nel Collegium Fridericianum di Königsberg, non si è mai mosso per tutti i suoi ottant'anni di vita dalla città prussiana eppure ha fondato uno dei piú importanti sistemi di pensiero della storia dell'umanità. Approfondire significa esplorare con tutti i sensi e con tutti i saperi, come ha fatto Nan Shepherd con il massiccio dei Cairngorm scozzesi da un punto di vista emotivo, o come ha fatto in modo scientifico il geografo Raoul Blanchard con la sua monumentale opera geo-morfo-climatico-socio-economica *Le Alpi occidentali*, che include anche queste contrade.

Dunque Vazon, piccola frazione di una ventina di case sul versante assolato del monte Cotolivier che sovrasta Oulx verso nord, in sinistra idrografica della Piccola Dora, nata dal Monginevro, e che proprio a Oulx confluisce con la Dora di Bardonecchia diventando Dora Riparia. Questa Dora, grigia e limacciosa per le rocce friabili che erode e trasporta in continuazione fino alla sua confluenza in Po a Torino, è l'antica Duria Minor latina – la Maior è quella che scorre in Valle d'Aosta. «Dora» deriva dal preindoeuropeo *dura/duria*, «corso d'acqua», radice anche della Durance, che scende sul versante francese del Monginevro. Il panorama che si gode da questa balconata alpina è ampio e ameno, non arrivo a definirlo grandioso perché non c'è di fronte un Cervino o un Eiger, ma si difende bene: con le spalle alla vetta del Cotolivier, si apre a 180 gradi un ventaglio di vette non blasonate come altri settori alpini, ma di tutto rispetto. A oriente si vedono i morbidi pendii sciistici dello Jafferau, 2815 metri, sopra Bardonecchia, che si innestano sullo scivolo del monte Seguret, un tremila mancato con i suoi 2926 metri, poi verso Susa appare il massiccio triangolo del Niblè, 3365 metri, e in fondo, a occupare il centro della valle verso la piana del Po la grande piramide del Rocciamelone che con 3538 metri è la punta piú elevata visibile da qui. Poi lo sguardo corre sulla cresta prativa che separa la Valle di Susa dalla Val Chisone con il Genevris, 2536 metri, detto sulle carte settecentesche «La Grand Meidsert», il Triplex, 2506 metri, che sulle antiche carte era «Triplez» e prima ancora «Ruseel Crabantin», toponimi dal significato misterioso, e il Fraiteve, 2702 metri, anticamente «Mont Frere Teve», dietro cui fanno capolino il Roc del Boucher, 3285 metri, il Grand Roc, 3121 metri, e la Punta Muta, 3171 metri. In fondo alla Valle di Thures, guardando verso sud-ovest, si scorge appena la vetta della Punta Merciantaira o Grand Glaiza, 3293 metri, al confine con la Francia (dal provenzale *meichantaira* e dal francese *mechancheté*, «malvagità», per via dell'inospitalità del luogo), seguita dal Terra Nera, 3100 metri, e poi, nel Brianzonese, l'inconfondibile vetta dolomitica, isolata ed elegante come uno scoglio tra i flutti, del Pic de Rochebrune, quota 3320 metri, un tempo chiamata «Grand Pic de Rochebrune» e non so perché defraudata del «Grand», che ci stava bene vista la prominenza sull'orizzonte. Di fronte al Pic si aprono i morbidi pianori dei Monti della Luna – poetici, vero? – che verso ovest divallano su Claviere e Monginevro, ma il passo è occultato a ovest dall'imponente mole del vicino Chaberton, 3131 metri, a cui fa seguito la Pointe des Trois Scies, 3028 metri – forse ha a che fare con tre denti di sega? qualcuno lo scrive *sciés*, quindi «dei tre segati»? – e ancora la Pointe des Rochers Charniers, 3067 metri, le «rocce del carnaio», nome suggestivo secondo alcuni a ricordo di una non meglio specificata battaglia fra spagnoli e francesi nel Vallone di Fenils nel 1514, ma su una carta del 1852 è «Carniers», quindi potrebbe piú facilmente derivare da *cairn*, *char*, *kar*, termine celtico per «roccia», «sommità rocciosa», come suggeriscono la vicina Punta Charrà e le due vette del Grand e del Petit Charnier nell'Isère, a una cinquantina di chilometri a nord-ovest. Chiude la cerchia la Pointe des Grands Becs o Punta di Chalanche Ronde, 3042 metri, anch'essa frutto di distorsioni toponomastiche, da «valanga rotonda» forse per la curva arrotondata che fa l'accumulo di neve nel canalone. Complessivamente da Vazon si hanno davanti dodici vette oltre i tremila metri, non saranno i quattromila del Bianco o del Rosa, ma è sempre un bel guardare! Ovviamente i dettagli aumentano restringendo lo sguardo, la toponomastica locale è ricchissima di termini in patois occitano – ve li risparmio perché a stento riesco a leggerli e pronunciarli, ma c'è una straordinaria ricchezza di riferimenti alla morfologia del territorio, all'agricoltura e ai boschi frutto di millenni di frequentazione. Quasi ogni prato ha un nome, ogni dirupo, ogni collinetta, le diverse zone della frazione, i sentieri, i boschi. Alcuni sono molto evocativi, come il lariceto Serre de l'Ours: il lupo è già in circolazione, chissà se tornerà anche l'orso?

Credo che la montagna affascini soprattutto per la sua varietà frattalica, tanto geomorfologica e naturalistica quanto storica e culturale. Sia che si guardi da satellite una catena montuosa o si tenga in mano un sassolino si ripete continuamente a tutte le scale spaziali il modulo vetta-cresta-valle. E questo continuo pieghettarsi e svolgersi di sfaccettature genera sorpresa, meraviglia, scoperta. Produce infiniti microcosmi, tutti analoghi, mai uguali. Si trovano cosí piccoli versanti nord anche in un grande versante sud, di modo che cambiano le luci, le ombre, la vegetazione solo spostandosi di pochi metri. Tutto questo sulla distesa aperta del mare o in una sconfinata pianura non può avvenire, come dice Xavier de Maistre in *Viaggio intorno alla mia camera* (1794): «Nelle montagne, la patria ha una fisionomia, nelle pianure no. [...] Ogni punto dello spazio ha l'identico aspetto e il medesimo interesse. [...] Invece il montanaro si affeziona alle cose che ha sotto gli occhi fin dall'infanzia e che hanno forme visibili e indistruttibili. [...] Egli vede in sogno il contorno delle sue montagne, che è scolpito nel suo cuore...» Anche Eugène Rambert nelle *Alpes Suisses* nel 1868 ha descritto benissimo la multifattorialità morfologica delle montagne e io non devo aggiungerci niente: «Con le sue riprese improvvise, l'inclinazione che a ogni momento cambia, le ondulazioni, i capricci, i ritorni, gli spacchi, i tagli, la linea del paesaggio alpestre è inesauribile: le combinazioni possibili di tanti elementi sono infinite. [...] Non soltanto le Alpi, nel loro insieme, sono un mondo; ma anche ciascuno dei loro angoli, ciascuna delle loro sommità».

Giovedí 28 dicembre 2017

Decidiamo di dare un'occhiata invernale alla casa, saliamo a ciaspole da Oulx, tira vento, fa freddo, dopo Pierremenaud siamo nella tormenta. C'è però un gran sole, con neve che turbina, cristalli che scintillano nell'aria, paesaggio nordico che ci toglie il fiato, un po' per l'aria tagliente, un po' per la bellezza del panorama innevato: ci sono circa quaranta centimetri di manto. L'impressione di arrivare a un limite ultimo dell'ecumene è fortissima: oltre quelle case silenziose dai tetti coperti di neve, a eccezione di un paio di alpeggi non c'è piú territorio abitato, solo boschi, prati, pietraie, pareti rocciose. È questo che cerchiamo: vivere su un limite, tra due mondi. Purtroppo la poesia di quelle poche ore sfolgoranti di luce alpina verrà presto opacizzata dall'inizio delle pratiche burocratiche tra geometri e notai per arrivare all'atto d'acquisto.

Sabato 13 gennaio 2018

Saliamo di nuovo a ciaspole, magnifico paesaggio innevato, un'ottantina di centimetri, atmosfera tranquilla, solare, luminosa. Il bosco è incantato. Gli abeti scuri sono carichi di neve, sembra di essere in Canada o in Svezia, invece siamo a un'ora dalla nostra residenza abituale, e presto semplicemente questo sarà il sentiero per arrivare alla nostra nuova casa! Abbiamo chiesto la chiave all'agenzia per un sopralluogo, tanto ormai l'acquisto è deciso. Dopo un paio d'ore di marcia giriamo la vecchia chiave di ferro nell'uscio ed entriamo. Silenziosamente, un po' furtivi, eh, non è ancora nostra… La borgata è deserta. Affacciati alla porta ovest su un balcone che non c'è piú, aspettiamo il tramonto del sole dietro lo Chaberton. Come ipnotizzati in mezzo a un gran disordine di vecchi mobili e teli di plastica assaporiamo il panorama che sarà quello della nostra futura cucina. Sofia prende una sedia sgangherata e si mette lí sulla soglia, a farsi scaldare da quel sole invernale cosí netto, pulito, nitido. In contemplazione silenziosa immaginiamo un futuro dal quale ci separa ancora molto lavoro. Ma è bello fare progetti concreti e possibili. Poco dopo le 16 il sole è tramontato, arriva l'ombra fredda della montagna invernale. Stiamo ancora un po' a pensare se quel muro vada abbattuto, a dove fare il bagno, a dove mettere il camino. Fantasie architettoniche. Scendiamo che è buio, nel bosco freddo ma calmo, ospitale, ormai amico, fino a rivedere le luci di Oulx alle 19.

Sabato 27 gennaio 2018

Conversazione sull'ecologia con il patriarca di Venezia, monsignor Francesco Moraglia, in occasione della festa di

San Francesco di Sales, patrono dei giornalisti. La celebrazione avviene in un luogo straordinario e unico al mondo, la cripta della basilica di San Marco, da poco restaurata. È una selva di piccole colonne che sorreggono una volta bassa, sotto il livello del mare. Sembra un bosco di tronchi marmorei, su ognuno c'è un capitello diverso. La colonna della stalla di Vazon sia pur scolpita secoli dopo e 450 chilometri piú a occidente, ripete queste forme con immutata continuità millenaria e mi compare continuamente davanti agli occhi.

Martedí 27 febbraio 2018

Ondata di gelo siberiano, nevica anche al piano, a Vazon forse una quindicina di gradi sottozero. L'inverno è passato tra lentissime e sfibranti pratiche notarili, ancora non si può stabilire la data dell'atto! Si sommano tre burocrazie: quella spaventosa italiana, quella francese appena piú snella e quella europea che le combina e le complica. Bisogna tradurre la bozza di atto del notaio italiano per i venditori francesi, che a loro volta devono inviare tramite un notaio di Lione la procura di vendita per conto di otto nipoti eredi dell'edificio, con traduzione italiana asseverata. Telefonate, mail, fotocopie, ripetute sorprese che rallentano ogni programma: manca quel certificato, non c'è il timbro, bisogna firmare l'originale, il geometra non ha fatto il rilievo corretto delle particelle catastali. Ogni nuova richiesta fa passare settimane. Siamo nervosi e irritati.

Sabato 17 marzo 2018

Per ingannare l'attesa delle pratiche notarili vogliamo celebrare sul posto il primo anniversario della vista della casa. In bassa valle piove, primi fiocchi a Oulx, saliamo a piedi tra la neve che si fa piú fitta da Pierremenaud, il bosco di abeti è ancora una volta magico. Vazon è deserta, rifugio chiuso, abbiamo la chiave della porta d'ingresso, entriamo sotto una fitta nevicata, 10 centimetri in un paio d'ore, accendiamo la piccola stufa di ghisa nella stanza da letto del pastore ingombra di cianfrusaglie e mangiamo felici due fette di pizza gelida, seduti sul letto polveroso. Nel silenzio e tra i brividi, dalla piccola finestra vediamo i fiocchi che turbinano fitti e si sente perfino il loro ticchettio mentre toccano le superfici, ogni tanto un crepitio giunge dalla stufa. Spegniamo il fuoco a malincuore e scendiamo alle 15.30, sempre sotto un cielo grigio e nevoso. Come sarebbe stato bello rimanere lí. Nel lariceto sotto la nevicata avvertiamo un senso di sacro, fra i tronchi scuri come pilastri di una cattedrale naturale.

Oulx, un grande paese o una piccola città di montagna?

Ha almeno duemila anni di storia, sede di stazione di posta romana sulla strada delle Gallie, poi centro amministrativo del Delfinato francese fino al 1713 e infine parte del Regno di Savoia e d'Italia, oggi ha circa tremila abitanti, due uscite autostradali, una stazione ferroviaria sulla linea internazionale che collega Torino con Parigi. Il suo nome è variato nei secoli, alle origini romane Ad Martis, poi Ulces nel Medioevo, Ours in occitano, Ulzio in epoca fascista, nuovamente Oulx dal 1960. Le ipotesi sulla toponomastica non sono univoche. Io propendo per le analogie con Ocelum, Usseaux, Usseglio, Ossola, ovvero dal protoceltico e gallico *ouxellos* cioè genericamente «luogo elevato». Ma la toponomastica non è una scienza esatta quindi potrei sbagliarmi. Oulx ha un territorio molto vasto, che sfiora i cento chilometri quadri, costellato da diciassette frazioni, fatto che ne rende l'amministrazione pubblica non banale, con grande necessità di continua manutenzione strade, sgombero neve, raccolta rifiuti. È la porta d'ingresso del grande comprensorio sciistico della Via Lattea, anche se a quota 1100 metri non ha piste da sci, ma smista gli sciatori a Sauze d'Oulx, a Bardonecchia, Sestriere, San Sicario e Claviere-Monginevro. Il capoluogo è a sua volta diviso in due borghi, quello superiore, piú antico, con nobili case di pietra e la parrocchiale di Santa Maria Assunta, e quello inferiore, uniti dalla moderna piazza intitolata al partigiano Aldo Garambois, dove si tiene il mercato e si affaccia il municipio, di architettura moderna, troppo cittadina per i miei gusti. Su questa piazza c'è un'antica fontana cinquecentesca in pietra che sparisce al cospetto del monumento di cemento armato colorato, opera dello scultore surrealista Mario Molinari. È un'installazione piuttosto recente che sarà pur pregevole nel suo genere, ma la trovo fuori contesto. Una scultura tanto massiccia quanto precaria, sia nella sua forma a triangoli sovrapposti, sia nei colori – rosso, blu, nero, giallo, verde –, che se non regolarmente rinfrescata è destinata a deteriorarsi sotto le intemperie alpine. Il cemento non è marmo e non è bronzo. Oulx ha il suo grande centro commerciale che attira turisti internazionali, ed è piú gradevole di tanti orribili condomini, essendo costruito in gran parte in legno. Ville e villette negli ultimi quarant'anni hanno invaso il vasto fondovalle della terza borgata centrale, l'Abadia, dove c'è la ex prevostura di origine medievale, la stazione dei treni e la caserma Assietta degli alpini del battaglione Susa. Insomma, è un centro vivace e polifunzionale, con bar, pizzerie, commerci; è turistico ma non troppo, lasciando questo ruolo piú modaiolo ai paesi limitrofi. Incassa come tutti questi comuni turistici molti denari dalle tasse delle seconde case, ma poi non ne può disporre perché, secondo le tortuose leggi italiane, dovendo partecipare al Fondo di solidarietà comunale, gran parte dei suoi sei milioni di euro annuali vanno a sostenere chissà quali altri comuni in difficoltà, mentre qui, pagati gli stipendi dei dipendenti comunali e i servizi fondamentali, per gli interventi di manutenzione e miglioramento urbano restano le briciole, sí e no centomila euro, da centellinare con delicati equilibri tra le diverse borgate. Non chiedete nulla al Comune! Non ha soldi, non ha risorse. Cosí, chi piú chi meno, si è tutti scontenti, perché le strade non si possono manutenere come si dovrebbe, i sentieri nemmeno, gli edifici pubblici minori come forni, canoniche, scuole vanno spesso in malora, investimenti e migliorie nemmeno a parlarne. Ecco come essere ricchi sulla carta e poveri in pratica. Purtroppo si sa, il peso dei pochi elettori locali, che sono quanti un isolato di Torino, è irrisorio, mentre i metri quadri di territorio da manutenere sono un'enormità, quasi come la superficie della città di Torino, dove i votanti sono un milione. Cose che non funzionano nella politica nazionale, asimmetrie che andrebbero corrette, prima che i cittadini perdano ogni fiducia nelle istituzioni.

Mercoledí 4 aprile 2018

In bassa valle piove, a Vazon nevica. I francesi hanno finalmente firmato la procura di vendita tra otto eredi, si può stabilire la data dell'atto: venerdí 13 aprile alle 15 dal nostro notaio. Ma c'è ancora tanta burocrazia italiana da espletare, ancora la traduzione asseverata dal tribunale… vedremo se si farà in tempo.

Giovedí 5 aprile 2018

Trovo sul web il poema *La Savoye* di Jacques Peletier du Mans, del 1572: bei versi in francese sulle terre alte, il tempo e la vita in montagna. Già immagino iscrizioni affrescate sulle volte della stalla… Poco dopo arriva una telefonata dal notaio: la procura non perverrà in tempo via posta raccomandata, salta la data dell'atto, si va al 19 aprile. Siamo neri di rabbia, sono piú di cinque mesi che stiamo dietro a queste scartoffie, e stiamo solo parlando di comprare poco piú di un rudere, un mucchio-di-pietre!

Mercoledí 18 aprile 2018

Finalmente, all'ultimo minuto arriva la procura da Lione, si corre in tribunale per la traduzione asseverata. Faremo in tempo?

Giovedí 19 aprile 2018

È quasi fatta! Alle dieci del mattino siamo tutti dal notaio di Almese. Lunga lettura dell'atto con i proprietari francesi, l'elenco di tutte le 54 particelle catastali di terreni frammentati sembra una monotona e ridicola litania che nessuno ascolta. Corsa in banca a fare il bonifico e a mezzogiorno mucchio-di-pietre è nostro. Abbiamo comprato piú o meno 500 tonnellate di pietrame a forma di baita. Brindiamo *très amicalement* con i francesi in una gran giornata di calda primavera, il cielo è azzurro, chiome di ciliegi in fiore, prati smeraldini e neve sulle montagne di sfondo.

Venerdí 20 aprile 2018

Ovviamente saliamo di corsa a toccare le pietre finalmente nostre. Una casa del 1732! Anno di nascita di George Washington e di Franz Joseph Haydn. L'innevamento invernale è stato abbondante: al non lontano Rifugio Rey la stazione automatica ha conteggiato un totale di neve caduta di 526 centimetri contro 330 di media, è stato l'inverno piú nevoso nella serie di misurazioni iniziata nel 2002. Però il manto fonde alla grande per il caldo improvviso ed eccessivo, questo diventerà infatti il quarto aprile piú caldo da 250 anni, c'è acqua dappertutto, ruscelli gorgoglianti passano in mezzo ai prati chiazzati di bianco, cantine allagate dei vicini, strada percorsa da acque selvagge tra cumuli di neve marcia. Abbattiamo l'acero montano cresciuto sotto il balcone prima che metta le foglie: dispiace, ma era nel posto sbagliato.

Domenica 22 aprile 2018

Primi contatti un po' spinosi con i confinanti, accoglienza diffidente ma spero ci si capirà, e nel pomeriggio scappiamo di corsa prima del crollo della strada dovuto alle acque di fusione non regimate. Una bella frana di una ventina di metri di lunghezza, dovuta alla mancanza di manutenzione degli scoli si è aperta un chilometro a valle delle case: cento euro non spesi al momento giusto ne costeranno cinquantamila di riparazioni? Porco boia, Vazon resterà di nuovo isolata per settimane! (E non sarà questa l'unica volta). Siamo senza parole. Altro che aprire subito il cantiere. Hai voluto andare in montagna? Ecco, allora cammina!

«Pataquin» contro «muntagnin».

C'è un problema antropologico di fondo che in molte zone montane ha creato una netta frattura tra cittadini – qui spregiativamente chiamati *pataquin* – e montanari altrettanto spregiativamente chiamati *muntagnin* o *baròt*. Vero che molto spesso i cittadini sono arrivati sui monti con fare spocchioso e colonizzatore, creando danni ambientali, da un semplice (e intollerabile) abbandono di rifiuti fino alla piú bieca speculazione edilizia. Ma dall'altro lato anche i montanari hanno fatto le loro discariche semplicemente un po' piú nascoste tra i rovi, e hanno svenduto i terreni agli immobiliaristi di città, ben contenti di realizzare un gruzzolo facile, partecipando cosí alla distruzione del loro stesso paesaggio. Queste posizioni di diffidenza e di scontro incancrenitesi nel delicato periodo del secondo dopoguerra, segnato ora da spopolamento ora da eccesso di sfruttamento turistico, si sono poi generalizzate e impediscono ancora oggi ogni forma di dialogo, anche quando questi problemi potrebbero essere superati con reciproco vantaggio. Non tutti i cittadini sono irrispettosi della tradizione e del territorio di montagna, soprattutto coloro che lo studiano, lo amano e lo difendono, e non tutti i montanari sono diffidenti e ignoranti. Mi è tuttavia capitato di sentirmi dire che chi arriva da fuori e compra queste case acquista solo i muri e non le radici e la storia della borgata, che deve rispetto agli autoctoni anche quando non hanno ragione, e deve sentirsi sempre un po' come i migranti che arrivano con un barcone, e se non ci va bene che tornassimo a casa nostra. Parole rivelatrici di un nervo ancora scoperto. E qual è casa nostra? L'articolo 16 della Costituzione recita: «Ogni cittadino può circolare e soggiornare liberamente in qualsiasi parte del territorio nazionale». Chi sono gli autoctoni? I Liguri dell'età del ferro? I Romani di Cesare? I Longobardi? I Saraceni? O tutto questo DNA biologico e culturale mischiato? Qui in sostanza se non hai un cognome che termina con una consonante non puoi sentirti integrato. Sarebbe meglio Mercallois? O Mercalloz? Il mio amico e maestro buonanima storico, alpinista e filosofo Luigi Zanzi scrisse nel suo *Opus montanum*: «Montanari non si è ma si diventa», adattandosi alla severità dell'ambiente climatico e verticale. La montagna alpina è sempre stata colonizzata dall'esterno, anche perché essendo stata occupata dai grandi ghiacciai quaternari fino a circa quindicimila anni fa era per forza disabitata mentre la pianura era già popolata da millenni. La montagna è da sempre meticcia, alloctona, la contrapposizione città-montagna è da superare. Non siamo migliori o peggiori in base alla quota sul mare della nostra nascita! La montagna può diventare luogo di avanguardia socioambientale anche alla luce delle nuove conoscenze scientifiche e tecnologiche, luogo di un reincantamento estetico della natura proprio grazie alla scienza e di riappropriazione della libertà e della propria avventura di vita. Un luogo, ribadisce Zanzi, dove l'uomo può reinventare se stesso e farsi protagonista di un'avventura evolutiva creativa nel rispetto dei limiti naturali, non piú visti come tiranniche catene di povertà ma come benefici contorni del proprio operare durevole e sostenibile. Ma invece di evolvere si torna al solito banale astio tribale per il forestiero, che anche quando ha ragione è dalla parte del torto, ed è tenuto a dare ragione a priori pure a chi ha torto ma dispone di un albero genealogico rigorosamente locale su almeno dieci generazioni. Il clan ha sempre ragione, gli altri no. Di fatto, il seme delle mafie e delle camorre. E qual è la valenza spaziale delle radici territoriali che legittimano la definizione di forestiero? La borgata? Il comune? La regione? La nazione? Prima gli Italiani? Prima i Piemontesi? Prima Vazon? Prima casa mia? Confini che in genere vengono stabiliti a seconda delle convenienze. In questo piccolo angolo di monti come in tanti altri vedi dipanarsi piú nel male che nel bene la selezione tra individui e la selezione tra gruppi cosí magistralmente descritta da Edward Wilson nella *Conquista sociale della terra*. Atteggiamenti arcaici, che denotano mancanza di apertura mentale, di voglia di imparare dal nuovo, da chi porta esperienze e conoscenze, ed è pure disposto a fare innesti sulle antiche radici della tradizione. Ma a patto che siano buone piante fruttifere e non velenose… Io sto innestando le mie gemme portate da tutte le Alpi sul capitello dell'antica stalla. Ma di fronte alla mala pianta della stupidità e della grettezza metto mano alla motosega. Questa contrapposizione costituisce un enorme limite per lo sviluppo delle montagne, il primo nemico nasce dall'interno dei montanari stessi. Rivalità, astio e invidia possono devastare irrimediabilmente i rapporti tra le persone, come del resto è sempre successo, basta guardare il toccante film *Il vento fa il suo giro* di Giorgio Diritti e Fredo Valla, ambientato in Valle Maira, poco a sud della Valle di Susa. Ma oggi soprattutto possono scoraggiare dall'intraprendere qualsiasi progetto collettivo di rivitalizzazione in grado di portare nuova linfa a quelle radici culturali che purtroppo non hanno dimostrato di saper resistere alla tempesta dello spopolamento, della miseria e poi della subitanea ricchezza materiale. Ho conosciuto montanari con un impeccabile pedigree anagrafico che detestano profondamente le proprie montagne, fino al piú ottuso autolesionismo: «Piuttosto che vendere lascio crollare tutto». Ho visto ragazzi abitanti sopra i mille metri esprimere il peggior disagio sociale, seduti sui muretti del campo da calcio a sognare rombanti auto di lusso, discoteche e brulicanti città, meglio se esotiche. Figurarsi se sapevano i nomi delle vette che li circondavano, le avrebbero comunque spianate con il Suv e l'autoradio a manetta. Dei falliti, a metà tra il residuo di periferia extraurbana e il ghetto da riserva indiana. In un agriturismo delle valli cuneesi ricordo che dietro il letto era affissa una gigantografia di New York. Ho dormito male tutta la notte con quel traffico e quelle luci dietro la testa proprio là dove volevo dimenticarli. Qualcuno invece li vedeva come un punto d'arrivo. Montanari per caso ce ne sono molti, per scelta pochi. Credo che sia venuto il tempo che la psicologia sociale, l'antropologia, la sociologia forniscano nuovi strumenti di dialogo e di relazione in grado di spazzar via comportamenti gretti, miserabili, invidie, sensi di inferiorità e di superiorità, aprendo orizzonti di convivenza piú maturi, dove le influenze interculturali non solo siano tollerate, ma auspicate e valorizzate e portino a una reciproca fecondazione, a un intero maggiore della somma delle parti. Alain Montandon dice in *Désirs d'hospitalité* (2002): «Lo sconosciuto genera timore e tremore, anche se porta apertura sul mondo esterno, anche se viene a portare parole nuove. Egli è allo stesso tempo minaccia e dono [...]. Lo sguardo dello straniero disturba: egli dà a vedere, e ciò che fa vedere è, all'occorrenza, un'immagine sgradevole e degradante, un panno sporco che dovrebbe essere lavato solo in casa. Lo straniero evidentemente viene a sconvolgere le cose, l'immobilità, la stagnazione, l'inerzia, il marasma, il torpore, l'abbattimento, la letargia che regnano nella piccola società». Superare queste barriere forse è pura utopia... Nel frattempo è una gran fatica curare le relazioni, sempre fragili e soggette al pregiudizio. Ci sono luoghi positivi dove se vuoi portare avanti un progetto parti almeno da zero. Qui si parte spesso sottozero, trascinati nell'abisso da una zavorra invisibile di relazioni umane patologiche. Motto locale: collaborare mai! Di fronte alle bestialità partorite da certi campioni d'ignoranza, avrò ancora l'entusiasmo e la forza di occuparmi del bene comune? Di sbattermi per trovare risorse – sottolineo esterne, perché interne non ce ne sono – per la pavimentazione pubblica, il restauro dei forni e della scuola, la ricomposizione fondiaria, la manutenzione della strada? O alla fine, fiaccato dalle critiche a vanvera e dalla diffidenza, lascerò perdere e mi chiuderò a leggere Čechov tra i gerani del mio giardino?

Mercoledí 25 aprile 2018

Parcheggiamo poco prima della frana e saliamo a piedi per un sopralluogo con Gianni, il nostro muratore montano, artigiano della pietra e della malta, fedele compagno della nostra prima ristrutturazione di bassa valle. Segue una lunga pausa di riflessione: la strada è chiusa, l'attività pubblica mi porta a continue trasferte. Si pensa, si immagina, si prendono misure, la casa è sola lassú, noi invischiati in mille altre attività. La rete però aiuta a progettare, abbiamo visionato migliaia di fotografie di interni di chalet alpini attraverso i siti delle agenzie immobiliari e degli agriturismi, a caccia di idee, di dettagli, di cose da fare e da non fare.

Domenica 20 maggio 2018

Saliamo tra pioviggine e nebbia fitta, strada ancora chiusa per i lavori di ripristino del crollo, l'ultimo tratto lo facciamo a piedi, borgata deserta, iniziamo a sgombrare la stalla dalla legna accumulata negli anni, con vecchie fascine ammuffite facciamo un piccolo falò propiziatorio nella nebbia. Scendiamo a Oulx alle 20.

Mercoledí 30 maggio 2018

Pioggia, nebbia, saliamo in auto per la strada deserta, ma il cantiere per il ripristino della frana sbarra ancora la strada: è tardo pomeriggio, non raggiungiamo casa, tocca rientrare sui nostri passi e aspettare pazienti. Attorno a noi la montagna boscosa, verde e stillante in uno dei mesi di maggio piú piovosi della storia per frequenza di precipitazioni: 17 giorni su 31.

Domenica 3 giugno 2018

Vado a parlare di futuro della montagna, clima e sostenibilità a Caramanico Terme, nel Parco della Majella, cercando di immaginare un ponte culturale tra realtà simili delle Alpi e degli Appennini. Il sindaco, Simone Angelucci, mi invita con garbo al Festival del Benessere, inteso «come concetto universale di diritto alla salute e alla felicità dell'uomo e delle comunità sociali», attribuendomi un premio sulla comunicazione scientifica, ma è preoccupato che io non voglia partecipare perché «consapevole che, apparentemente, Caramanico Terme possa essere vista come luogo di non evidente notorietà, o inusuale per i grandi eventi legati alla presenza di artisti, politici o studiosi di fama». Rinuncio a circa il novanta per cento degli inviti che ricevo, per evidenti limiti di tempo e di fatica nel viaggiare, ma per la consonanza con la visione di nuova centralità dei territori montani interni, a torto considerati marginali, ho subito accettato questa proposta. Ho trovato turismo dolce tra faggete rigogliose, buona cucina e ottima ospitalità da centro Italia. Sono rientrato il 4 giugno con un volo da Pescara, «Aeroporto Abruzzo», a Torino-Caselle, l'ultimo aereo che ho preso, prima della decisione – coerente con la necessità di ridurre l'inquinamento – di smettere di volare se non per seri e giustificati motivi.

Maestri d'alta quota.

Anche se sono nato in città, ho totale familiarità con la montagna. La città è Torino, che pur a 250 metri di quota è la capitale del Piemonte, quindi ha le montagne nella sua cerchia geografica e culturale. La Valle di Susa ha inizio con la vetta di 1150 metri del monte Musinè a 18 chilometri da piazza Castello. La vedevo in primo piano dalle finestre di casa, insieme alla quinta innevata che va dal Monviso al Gran Paradiso. La vedevo perché in estrema periferia era rimasto un varco tra i condomini, occupato da vecchie casette con orto inglobate da fabbrichette e benzinai fino ai vasti campi sperimentali dell'Istituto agrario Bonafous che per Italia '90 fu annullato da un gigantesco stadio da 67 000 posti. Almeno l'impianto sportivo non ostruiva la vista e venne battezzato «delle Alpi»! Ho passato le vacanze d'infanzia a Ceres, nelle Valli di Lanzo, luogo di villeggiatura dei nonni materni che vi avevano scomodamente trascorso la guerra da sfollati. Negli anni Sessanta affittarono un appartamento in un nuovo condominio che detestavo perché era come essere in città. Ma fuori da quelle tre stanze-soggiorno-bagno-cucinino ho ricevuto l'imprinting di scuri valloni boscosi di faggi, sentieri umidi contornati di felci e di lamponi, ruscelli saltellanti tra le rocce muschiose, la Stura infuriata dopo le piogge e i sorprendenti nevai estivi al Pian della Mussa, meta di una rituale gita agostana in macchina. La neve ad agosto, ma come è possibile? La toccavo, era dura, cosparsa di pietruzze, rametti, terra e ciuffi d'erba. Alla base del gran nevaio residuo di valanga, un antro fumante di aliti freddi e di condense lasciava uscire un fragoroso torrente. Lí sotto, in quell'oscurità grondante c'era la mitica sorgente della Stura di Lanzo, e io, alto poco piú di mezzo metro, la esploravo timoroso, nemmeno fosse il Nilo Bianco. E da lí, anche se attorno era verde estate, usciva pure una memoria d'inverno, di gelo e di bufere. Anni dopo sono stato portato dalla mia famiglia a Sauze d'Oulx, mi rivedo goffo sciatore sulle piste che ora, quarant'anni dopo, osservo dalla finestra di Vazon. Mi interessava la montagna innevata, non lo sport. Ho fatto il militare a Cuneo, ovviamente negli Alpini, come previsore del rischio valanghe. Appena ho potuto sono andato ad abitare all'imbocco della Valle di Susa, a quota 500 metri, dietro quel monte Musinè che osservavo dalle finestre cittadine. Un limite tra due mondi: la pianura, la stazione ferroviaria, l'autostrada, la giacca e il papillon quando uscivo dalla porta che mette al basso, il bosco, il sentiero, gli scarponi quando uscivo dalla porta che dà verso l'alto. Ma soprattutto ho fatto della montagna il mio terreno di studio e di lavoro, la mia fonte di ispirazione e curiosità. Ho una formazione scientifica di montagna, glaciologia, nivologia, climatologia alpina, conosco questo ambiente da un altro lato rispetto ai suoi abitanti, come un medico conosce il corpo di ciascuno dei suoi pazienti meglio di loro stessi. Certo mi manca il vissuto della quotidianità spesa in loco da generazioni ma ho con me tutto il bagaglio tecnico scientifico e culturale della grande scuola di geografia alpina nata nella prima metà del Novecento proprio in questa regione montana a cavallo tra Italia e Francia: Carlo Felice Capello, Federico Sacco, Raoul Blanchard e il climatologo Charles-Pierre Péguy, che ho potuto ancora conoscere nei suoi ultimi anni di vita nella sua casa di Serre Chevalier, appena dietro il Monginevro. E poi sul finire del secondo millennio mi sono abbeverato al mio maestro di glaciologia all'Università di Grenoble, Louis Reynaud, che era nativo di un villaggio vicino a Briançon e ora riposa in un piccolo cimitero di fronte agli Écrins: per alcuni anni lo seguii da vicino, abitando in un appartamento nella cittadina fortificata delle Hautes-Alpes che continua anche ora a essermi cara. E poi il lavoro sul terreno con le eccezionali guide del Monte Rosa: Adriano Favre ad Ayas, Arnold Welf a Gressoney, Michele Cucchi ad Alagna: con loro ho percorso ghiacciai dai quali forse non sarei tornato vivo, io distratto dai segreti del ghiaccio, loro concentrati sulla mia sicurezza. Insomma, pian piano le Alpi per me sono diventate – sia attraverso la ricerca del clima storico tra libri e archivi, sia con i rilievi sul terreno tra ghiacci e torbiere –, un territorio che conosco e frequento dalle Marittime alle Carniche, al quale ho dedicato centinaia di articoli e studi monografici. Per qualcuno la *Heimat* è un minuscolo gruppo di case, per me è tutto il territorio sopra la curva di livello dei mille metri. Mario Rigoni Stern nasce «montanaro di prima classe» sull'Altipiano di Asiago. Io nasco «montanaro di terza classe» in pianura, prendo la patente di «montanaro di seconda classe» abitando per un quarto di secolo nella mia borgata pedemontana di Montecapretto tra Moncurt e

Musinè e mi accingo ora a superare l'esame da «montanaro di prima classe» con la deliberata scelta di vivere piú tempo possibile a quota 1650. Non sono però un cacciatore di vette, i miei quattromila si contano su un dito, sono un cercatore di conoscenza montana. Scavo nel ghiaccio, nella carta e nei dati numerici. Mi piace spaziare tra le discipline, perché il clima, soprattutto quello severo delle montagne, è anche un fatto storico e sociale: ho lavorato con il filosofo-alpinista Luigi Zanzi e con il geografo Werner Bätzing, con il medievalista Giuseppe Sergi, con l'archeologo Philippe Leveau e con il mio grandissimo amico e mentore Giovanni Badino, un fisico e speleologo nato sul Mar Ligure che conosceva le montagne meglio di qualsiasi montanaro: ne esplorava infatti l'interno, proibito ai piú. È morto troppo presto l'8 agosto di un anno fa, e non in una grotta ma di malanno. C'è anche qualcosa di lui in questa nostra avventura: abitava in un modesto alloggio di una casa popolare ottocentesca senza ascensore sulle rive della Dora a Torino, nel quale abbiamo fatto innumerevoli cene con cibo sopraffino condito di astrofisica, termodinamica, poesia, musica, storia ed esplorazione nel senso piú ampio del termine. Abbiamo percorso insieme le gelide profondità dei ghiacci del Gran Paradiso, per lui una missione banale, per me unica. Giovanni amava la montagna, sia dentro, ovvero in oscure profondità, sia fuori, alla luce del sole, e aveva deciso alcuni anni fa di acquistare una catapecchia in un impenetrabile bosco delle Alpi Liguri, nell'entroterra di Savona. Una casa vecchia, scomoda, raggiungibile solo con un ultimo tratto di strada a piedi, ma piena di fascino arcaico, in un luogo che per quanto fosse a pochi chilometri da una galleria autostradale era nello stesso tempo remoto e dimenticato, ai margini. Anche in questa montagna mediterranea abbiamo passato momenti indimenticabili, tiepide sere estive di convivio silvestre dal sapore omerico. Giovanni era colto, geniale, pungente e assolutamente sincero, diretto, essenziale. Da buon ligure se non ti stimava te lo faceva capire con uno sguardo disgustato e poi ti ignorava, eri insignificante rispetto alla preziosa qualità dei suoi ragionamenti, e non perdeva altro tempo a dirtelo. Ma se in te percepiva delle affinità allora entrava in risonanza e trasferiva fiumi di sapere e di umanità. Cosí io e Sofia abbiamo pensato che se lui aveva fatto la scelta di ritirarsi lassú allora lo potevamo fare anche noi e ci ha indirettamente incoraggiati. Non ha avuto la possibilità di vedere Vazon, ma vive lassú con la sua perpetua eredità culturale fatta soprattutto di profondità. Non mi interessano granché l'Himalaya o le Ande, mi sento profondamente «alpinologo» e so che non mi basterà la vita intera per capire solo una parte irrisoria di questo sublime cosmo in rilievo.

Sabato 16 giugno 2018

Oulx, al liceo Des Ambrois organizzo insieme ad Alberto Sinigaglia, presidente dell'Ordine dei giornalisti del Piemonte, una giornata in memoria di Mario Rigoni Stern nel decennale della morte. Prendendo spunto dalla sua breve frequentazione di questi luoghi nel 1940, dedichiamo l'incontro alla sua attività meno nota di «cronista della Natura». Quando ero ragazzo leggevo le sue sagge cronache dall'Altipiano di Asiago sulla «Stampa» e sognavo una vita in montagna. Oggi al di là dei dotti contributi della mattinata, la cosa bella è che è venuto a trovarci Gianni Rigoni Stern, a ricordare la figura paterna e, da esperto forestale e di pascoli alpini, a visitare Vazon.

Mario Rigoni Stern, la natura come cura dell'anima.

Contro un ambientalismo contemporaneo un po' naïf, Rigoni Stern si appoggia a un buon senso ecologico nella gestione misurata e prudente dei frutti del territorio. La foresta e la cacciagione sono un sostentamento per l'abitante montano, ma sempre utilizzate, mai troppo sfruttate, con un occhio attento alla piena rinnovabilità del «servizio ecosistemico», pena la perdita del capitale naturale. Il senso del limite elevato a regola di vita assoluta e inderogabile. Ma la Natura è qualcosa di piú per lo scrittore di Asiago, è un rifugio e una medicina per l'anima. Ce ne parla egli stesso nel testo inedito che ho rintracciato a Vestone poco piú di un anno fa. Prima di tutto esprime una consapevolezza importante: «Tra le scienze umane l'ecologia è la piú complessa e difficile: la summa delle scienze in quanto ad essa fanno capo tutti i settori dello scibile: dalla matematica alla biologia, dalla botanica alla zoologia, dalla chimica alla geologia, dalla fisica alla paleontologia per arrivare complessivamente allo studio delle funzioni di relazione degli organismi con l'ambiente e tra di loro. Insomma è la scienza che studia il rapporto tra esseri viventi e ambiente valendosi di analisi statistiche, di rilevamenti diretti, di dati forniti dalla biologia, dall'etnologia, dalla geografia, dalla geologia. Tutto questo per determinare l'influenza che esercitano sull'uomo, sugli animali e sulle piante il clima, le variazioni di pressione e temperatura, la natura geochimica del suolo, le perturbazioni meteorologiche, e le modifiche dei vari habitat dovute all'uomo. E quest'ultimo è il fattore che attualmente è il piú preoccupante e che piú ci interessa perché mai come nei nostri tempi l'uomo è diventato un consumatore di natura. Ma l'uomo senza natura non può vivere». Sono passati oltre trent'anni da questa affermazione, e nel frattempo è stata consumata un'enormità di natura. E poi prosegue: «Istintivamente sono un uomo naturale; la mia infanzia è stata liberamente goduta tra montagne e pascoli e boschi, nella vita paesana degli anni Trenta, quando una crosta di formaggio o una manciata di fieno avevano un certo valore, ma il canto di un uccello o il belato di un agnello suscitavano commozione. Poi venne la guerra, quella guerra che con i vostri conterranei [i commilitoni di Vestone], mi portò in giro per l'Europa da dove troppi, troppi non sono ritornati. Quando ritornammo riprendemmo a vivere e, per quanto mi riguarda, piú che dagli uomini dalla natura ho avuto forza e consolazione per continuare, perché i distretti militari, gli uffici vari, i discorsi davano meno consolazione che la coltivazione dell'orto. [...] per me la natura era istintivamente il fondamento dell'esistenza. Come il termine «guerra» ne era il contrario». Il Nostro elenca poi i passi dei suoi libri che piú hanno relazione con l'ambiente traendone questa riflessione: «In questi racconti mi sembra, oggi, di leggere la terapia di un sopravvissuto a battaglie e a Lager. La medicina insostituibile dell'ambiente naturale; ma non di bacche, erbe, radici officinali: di boschi, di aria, di neve, di montagne, di caccia per ritrovare amore alla vita; non per dimenticare ma per superare quello che era accaduto negli anni tra il 1940 e il 1945 quando la vita sembrava innaturale e la natura scomparsa o morta nel cuore di tanti uomini. Fu lenimento andare per i boschi, o ad aspettare l'alba sulle cime, o camminare di notte per sentieri in compagnia di un cane. Era come nascere una seconda volta, vedere il mondo con occhi nuovi e con l'animo pieno di curiosità e disponibilità, anche se ogni tanto un ricordo triste di baracche cintate da reticolati o quello di un amico morto nella neve ti angosciava il cuore». Il testo integrale è pubblicato in *Mario Rigoni Stern. Un uomo, tante storie, nessun confine* (2018). Sono sentimenti profondi che fanno parte della nostra essenza di esseri gemmati dalla natura, e piú volte espressi da tanti autori, cito qui Xavier de Maistre, dal *Lebbroso della città d'Aosta* (1811): «Quando il dolore mi accascia, e non trovo nel cuore degli uomini ciò che il mio desidera, l'aspetto della natura e delle cose inanimate mi consola. Mi affeziono alle rocce e agli alberi, e mi sembra che tutti gli esseri della creazione siano degli amici che Iddio mi ha concesso». Purtroppo oggi, nell'artificiosa società tecno-finanziaria, si fa di tutto per rimuovere, per occultare, per ignorare l'affinità con la natura, procurando danni a noi stessi e all'ambiente.

Fine giugno 2018

La frana è stata finalmente sistemata, la strada è stata riaperta, cominciamo a frequentare la casa per fare grandi pulizie, sgomberare la stalla dalle montagne di legna accumulata alla rinfusa nel tempo, gettare rifiuti. Tra vecchie fascine ammuffite spunta tutto sporco di fango un elefantino di plastica arancione: ecco la prova del passaggio di Annibale!

Memorie silenziose.

Pian piano ricostruiamo la vita di Jacqueline dai suoi oggetti. Era questa una casa di vacanza estiva, «Maison Vallory-Durand», molto spartana, con poche cose, in genere ciò che era di troppo a Lione, vecchiumi, oggetti rovinati, piatti sbreccati, sedie zoppe. Per questo troviamo molto materiale francese, mischiato con vecchi attrezzi e mobili alpini che erano nella casa chissà da quanto tempo. Buttiamo ciò che è troppo usurato, ma teniamo e ripuliamo quello che ha un senso, e qualcosa di interessante rimane. L'idea è di riciclare il piú possibile e comprare il minimo indispensabile di suppellettili nuove, tra piatti e bicchieri ci sono anche le nostre cantine di famiglia da esplorare, pazienza se i pezzi non saranno esteticamente coordinati, come dice Brecht: «Fra tutti gli oggetti i piú cari | sono per me quelli usati. | Storti agli orli e ammaccati». Jacqueline era una donna istruita e religiosa, faceva la segretaria di direzione all'Electricité de France negli anni Settanta, il che non era certo una posizione da poco, viveva sola, teneva tutto, dal piú piccolo chiodo arrugginito ai giornali parrocchiali, come spesso fanno gli anziani di quella generazione. Era nata a Lione nel 1931 ed era scomparsa nel 2016. Aveva acquistato la baita di Vazon nel 1965 dal suo zio Onorato Vallory, al prezzo di trecentomila lire pagandola «in molti anni poco alla volta», come recita l'atto notarile. Il vecchio Onorato aveva una gamba di legno e teneva un po' di pecore nella stalla del capitello. Qualche anno dopo l'acquisto Jacqueline fece eseguire alcuni lavori minimali per rendere la casa piú vivibile, il gabinetto al piano terra, con le piastrelle azzurre ma senza doccia e acqua calda, qualche muro di mattoni nel fienile per allestire un paio di camere da letto con pavimento piastrellato, un impianto elettrico molto approssimativo, con i fili che correvano sulle pareti, opere si capisce fatte al risparmio, con materiali di recupero di provenienza francese. Ci veniva su in luglio e agosto, con la sua Renault piena di scatolette di *legumes* e *cassoulet*, dormiva al freddo sotto spesse coperte militari e trapunte sintetiche, passeggiava con altre anziane villeggianti, portava sempre nella legnaia un ramo raccolto per strada, dicendo che non bisognava mai rientrare a mani vuote, leggeva il bollettino parrocchiale del Rhône-Alpes seduta al sole sull'ingresso di casa, ogni tanto riceveva gli otto nipotini che lasciavano tra il ciarpame dei disegni delle vacanze montane e dei giocattoli sgangherati. Una vita da piccola borghesia urbana europea del Novecento con antiche radici alpine che non voleva recidere.

Domenica 1° luglio 2018

Mentre la gente pranza nel dehors del rifugio, svuotiamo ancora la stalla dagli accumuli secolari di legname: alla sera bel falò nella borgata silenziosa, in compagnia dei vicini.

Martedí 3 luglio 2018

Saliamo con una troupe Rai per il primo servizio televisivo sulla ristrutturazione. Sorpresa: sulla strada da poco riaperta dopo la frana è comparso un divieto di transito il martedí dalle 9.30 alle 12.30, per favorire i cicloturisti. Nessuna deroga nemmeno per residenti. Fortunatamente l'orario di divieto è scaduto da pochi minuti e saliamo in auto, ma il pensiero è: a chi sceglie di lavorare in montagna si mette sempre qualche ostacolo in piú, qualche limitazione inattesa, decisa a tavolino, a favore di categorie che in montagna non ci lavorano... ora il cantiere dovrà adeguarsi a una mattina buca. Pranziamo alla Chardousë e poi ci occupiamo delle riprese con il drone, ma abbiamo tre rovesci di pioggia che ci interrompono. Seduti davanti alla chiesetta aspettiamo guardando il panorama e scendiamo a valle alle 17.

Mercoledí 4 luglio 2018

Demolizione delle innumerevoli reti da letto in ferro che occupano mezza casa e sgombero rottami metallici, ovviamente ben riciclabili.

Sabato 7 luglio 2018

Primo pranzo nella vecchia cucina con i nostri giovani nipoti Marta e Francesco. Il pavimento della piccola stanza era stato rifatto forse cinquant'anni fa con piastrelle di color mattone, poco adatte all'estetica del luogo, lo rifaremo in lastre di pietra che qui in Piemonte chiamiamo «lose». La volta a botte era un po' affumicata, ma la mano di calce copriva a sua volta uno strato ancora piú spesso e secolare di fuliggine derivante dal focolare aperto nell'angolo, sovrastato da una rustica cappa. Il camino non è piú in servizio, la cappa è stata chiusa e riceve soltanto il tubo fumi di una vecchia cucina economica a legna. Oggi però cuciniamo su un piccolo fornello a gas, e godiamo dell'acqua corrente – solo fredda – nel lavello, uniche concessioni alla modernità. Anche se con il minimo indispensabile secondo gli standard attuali, la lunga tavola ospita una dozzina di persone e il convivio è allegro e pieno di progetti futuri.

Il «peilo», cuore caldo della casa.

Nelle antiche case di montagna, in tempi arcaici il focolare era aperto su tutti i lati, in genere al centro del locale «soggiorno-cucina», e il fumo saliva verso il tetto e si disperdeva lentamente tra le fessure della copertura. Chi viveva all'interno era costretto a stare gobbo o seduto, in modo da respirare l'aria relativamente pulita nella parte bassa del locale, mentre la metà superiore era offuscata da una cortina fumosa irrespirabile. Ecco perché morivano giovani, anche se non fumavano il sigaro avevano tutti i polmoni catramati. Nel corso del tempo, probabilmente verso l'Anno Mille, il focolare si addossò a una parete e guadagnò la cappa e la canna fumaria, per favorire l'evacuazione del fumo e un po' piú di efficienza termica grazie all'accumulo di calore da parte delle pietre della parete. Ma di fumo nella stanza se ne spandeva sempre tanto. Lo vediamo anche noi quel catrame depositato sulle assi della porta di legno della cucina come una lacca nera, appiccicosa, somma di tre secoli di fuochi di legna resinosa. Questa fuliggine penetra la malta dei muri e viene sempre fuori in macchie marronastre anche se provi a tinteggiarla. Bisognerà scrostare tutto l'intonaco fino alla pietra e rifarlo con calce pulita. Per riscaldarsi, piú che il camino, si utilizzava il calore dissipato dagli animali nella stalla, e il focolare della cucina era destinato soltanto alla cottura dei cibi e all'eventuale lavorazione del formaggio. Bisogna però dire che quell'angoletto di braci calde, che non si lasciavano quasi mai spegnere, era l'unico luogo dove ristorarsi quando si rientrava fradici da una bufera di neve, o dove farsi un caffè al risveglio di una notte di gelo. E per questo motivo il locale riscaldato in quasi tutte le Alpi occidentali, dalla Valle d'Aosta alla Savoia, prese il nome di «peilo», «peillo», *peilou*, *peyle* (nel Queyras), termine che arriva da *poêle*, stufa in francese, ma di origine ben piú antica, cioè il latino *pensilis balneum*, attribuito ai sistemi di riscaldamento a circolazione di aria calda tra intercapedini di pavimento e pareti (ipocausto), in uso nelle terme romane. Lungo i secoli, per chi poteva permetterselo la fumosa cucina andò via via separandosi dal «peilo», che divenne un locale a sé oggi traducibile come «soggiorno caldo». Ma per consentire questo salto di comfort si dovette attendere l'invenzione del focolare chiuso, fornelli, fornetti di pietra ollare e stufe di ghisa, in modo da poter convogliare i fumi all'esterno con piena efficacia. È soprattutto nelle Alpi orientali di lingua tedesca che nasce un po' dopo l'Anno Mille la stufa di maiolica con alimentazione esterna al locale, in modo da avere solo il calore e non il fumo e il rischio d'incendio. La stanza riscaldata diventerà cosí la «stube» (*Stube* dal latino *extupa*), ricoperta su tutte le pareti di legno sagomato, decorato, intagliato, e quindi anche termicamente ben isolata, mentre la cucina intonacata o in muratura grezza resterà la fumosa *Küche*. Per riscaldare la stube nasceranno magnifiche stufe di maiolica decorata a smalto, talora di forme monumentali, la *Kachelofen* o stufa a olle del Trentino, oppure le piú semplici stufe di intonaco a botte coricata tipiche delle case contadine, la *Bauernofen* o «mussa» in Trentino e «pigna» in Canton Ticino, circondate da una panca di legno, l'*Ofenbank*, dove sedersi o addirittura dormire se collocata al di sopra della muratura calda. E poi vi sono le stufe in pietra ollare delle zone di cultura Walser del Monte Rosa, tonde o quadrate, con date e iniziali scolpite sul frontale. Questa innovazione della stufa «pulita» con condotto dei fumi e focolare alimentato dall'esterno della stube segna un significativo esempio di miglioramento delle condizioni di vita delle popolazioni alpine che tuttavia non si diffonderà ovunque. Proprio tra la valle di Gressoney, dove la stufa in pietra ollare e la confortevole stube di legno sono la regola, e le regioni montane limitrofe del Biellese e del Canavese, si situa un confine culturale inspiegabile: a sud delle Valli del Rosa permane infatti il focolare aperto nella cucina fumosa e fredda, pur essendo disponibili le stesse risorse locali per effettuare la transizione tecnica verso la stube: legname, pietra, ceramica. È come se la cultura tedesca fosse stata respinta, ignorata, invece che essere facilmente copiata e presa a modello di un sistema decisamente piú efficiente del precedente, sistema che peraltro non faceva altro che tornare alla comodità delle terme e delle ville romane. Cosí anche in Valle di Susa la stube – salvo rari casi come in una casa ottocentesca di Soubras – non arriverà mai e il «peilo» resterà una stanza tiepida ma poco confortevole, con focolare aperto e cappa, al piú una stufa in ghisa dalla metà dell'Ottocento in poi, ma pur sempre fumoso, caliginoso e freddo per l'assenza del rivestimento in legno sulle pareti. Roger Frison-Roche racconta che ancora all'inizio del Novecento passava le vacanze nel Beaufortain in uno chalet dove la grande camera comune riscaldata era chiamata *le pèle* dal nome del focolare centrale. Questo elemento mi fa pensare come nelle superbe stube nordiche rivestite di cirmolo, vere navicelle spaziali autosufficienti lanciate nell'inverno, si poteva anche passare qualche bel momento di intimità domestica invernale, leggere, cenare, fare musica, dedicare comunque un po' di tempo a coltivare lo spirito, oltre che a sopravvivere al freddo, mentre nelle baite delle Alpi occidentali per questo utilizzo c'era solo la stalla, condivisa con vacche e capre, piú umida, buia e malsana, quasi come se una vita continuamente segnata e abbrutita dal lavoro agropastorale non potesse lasciare nemmeno un'ora di godimento e di occupazioni che non fossero strettamente manuali. Dopo secoli di ritardo culturale ci arriviamo quindi ora, e la stube la faremo finalmente anche qui, rivestendo le pareti con il bel larice antico ammassato nei soppalchi, e ci metteremo stufe e camini moderni ed efficienti.

Mercoledí 11 luglio 2018

Passiamo la prima notte in baita, nella cameretta del pastore sopra la cucina. Il letto con rete metallica deformata è scomodo! Al mattino la schiena è imbarcata e dolorante. E per andare in bagno bisogna scendere la ripida scala di pietra senza mancorrente, a rischio di rotolare dritti al fondo, spaccandosi il naso, come minimo. E bisogna mettersi le scarpe per attraversare il vicolo interno in terra battuta. Cosí riattiviamo l'antico vaso da notte, sistemato sotto il comodino: ora capisci perché lo usavano! Grande invenzione il bagno in camera, e sarà la prima importante modifica da introdurre nella ristrutturazione. Il progetto architettonico avanza, ma per guadagnare tempo sulla burocrazia l'abbiamo suddiviso in due parti, una prima pratica di demolizione interna, che può partire subito, e l'autorizzazione per la ristrutturazione completa che richiede ancora mesi di lavoro.

Giovedí 12 luglio 2018

Abbiamo finalmente liberato la stalla dalla legna accumulata nei decenni, ora la colonna centrale con il suo bel capitello spicca in tutta la sua nobiltà. Mattina calda e soleggiata, rotta verso le undici dal vicinissimo roteare delle pale dell'elicottero del soccorso. Si saprà poco dopo che nei boschi appena qui sopra un escursionista di 43 anni originario proprio del nostro paese di bassa valle, durante una semplice passeggiata è stato colto da un infarto con esito fatale. Si può morire in ogni momento, un'esortazione a spender bene il tempo. La giornata iniziata solare termina con un temporale.

Domenica 22 luglio 2018

Portata su una vecchia stufa «Argo» destinata a intiepidire la camera da letto e ripristinato al piano terra la vecchia cucina economica, che in Piemonte si chiama «putagé», forse dal francese *potage*, «minestra», che in effetti è perfetta da far bollire sulla piastra di ghisa per ore e ore.

Venerdí 27 luglio 2018

È la prima giornata di lavoro con muratori e falegnami. Sgombrata la stalla da macerie e terra con il miniescavatore, che entra appena dalle porte, questione di centimetri. Spostati mobili e tavole di legno dal piano superiore e dai fienili per consentire l'inizio dei lavori. Si vede un primo risultato concreto.

Mercoledí 1° agosto 2018

Al centro commerciale Le Baite di Oulx inaugurano la postazione di ricarica per auto elettriche: ora possiamo ricaricare la nostra piccola e ormai vecchiotta Peugeot Ion che prima non ce la faceva a raggiungere Vazon con viaggio unico dalla bassa valle, a causa della quota da superare che richiedeva l'intera carica della batteria. Alle 14 eccoci davanti a casa in auto elettrica, un altro pezzo del progetto di sostenibilità locale che si realizza, e appena avremo installato i pannelli fotovoltaici sul tetto ricaricheremo con energia autoprodotta a zero emissioni, come già facciamo da anni nella nostra casa di bassa quota. Temporale nel pomeriggio, rovesci in continua riattivazione, ma fa caldo: in pianura oltre 35 gradi a causa dell'anticiclone africano, la baita comincia a rendersi utile! Mentre giú cuocevano, qui abbiamo installato i tubi alla stufa in camera da letto e l'abbiamo provata con un bel fuoco! Siamo però dovuti rientrare in serata nella calura del piano, un viaggio comunque tutto elettrico.

Prima settimana di agosto 2018

Ondata di caldo record in Spagna e Portogallo con 46 gradi, anche la Scandinavia mai cosí calda d'estate, incendi inediti per quelle foreste boreali. La strategia di salire in quota si conferma corretta! Temo che in futuro avremo piú paura dell'estate che dell'inverno.

Alla ricerca del fresco perduto: dalla Sommerfrische al riscaldamento globale.

Nell'Ottocento si diffonde la moda della villeggiatura estiva sui monti per cercare frescura dai calori della pianura: nata inizialmente nell'ambito dei patrizi veneti, diviene via via piú popolare con l'espandersi del turismo alpino, fino a ricevere in area germanica la denominazione di *Sommerfrische*: il godimento del fresco estivo. In un dipinto del 1910 di Lovis Corinth (1858-1925) il soggetto è l'industriale amburghese Henry B. Simms che si gode la *Sommerfrische* ai 1100 metri di Klobenstein, oggi Collalbo, Bolzano. Ed è del compositore viennese Carl Michael Ziehrer (1843-1922) il valzer *In der Sommerfrische*, delicato come una brezza. Se la villeggiatura montana un secolo fa poteva rappresentare un vezzo distintivo dei ricchi rispetto ai ceti contadini costretti a passare l'estate sudando sotto il sole nella stagione piú importante per le attività agricole, con il riscaldamento globale del secondo millennio la ricerca del fresco estivo diviene sempre piú una questione di salute, di benessere e di costi per la popolazione delle grandi aree urbane, quelle piú esposte all'isola di calore. Le estati europee e padane dal 2003 in poi hanno infatti manifestato inedite ondate di calore africano con valori nei grandi centri urbani perialpini dell'ordine dei 40 gradi e oltre (43 gradi a Forlí il 4 agosto 2017), spesso in presenza di elevata umidità che aumenta il disagio fisico e il rischio sanitario per anziani e malati. La caldissima estate 2003 provocò circa settantamila morti in Europa occidentale e ogni ondata di caldo successiva, pur prevista e preceduta dall'allerta di protezione civile, genera una netta sovramortalità. Questa tendenza climatica mette in moto una dinamica migratoria città-montagna per ora temporanea e intermittente ma che con l'aggravarsi del riscaldamento globale potrebbe divenire permanente. Se le località montane, specialmente quelle a quote medio-basse e considerate marginali, stanno perdendo o hanno già perso da decenni attrattività turistica in ragione della diminuzione dell'innevamento invernale e della sostituzione con mete piú ambite, la frequentazione estiva delle seconde case da tempo poco utilizzate o degli alberghi un po' trascurati va via via assumendo un peso maggiore in ragione della ricerca del fresco, soprattutto per garantire il riposo notturno. È possibile quindi che la ripopolazione delle località montane si stabilizzi in modo piú continuativo durante il trimestre estivo o anche per l'intero anno, una volta che si sia acquisita familiarità con un nuovo territorio e i suoi vantaggi indipendenti dal clima (contatto con la natura, aria salubre, ritmi piú rilassati). Questa transizione deve tuttavia essere accompagnata e governata dagli enti locali e nazionali al fine di evitare fenomeni di *maladaptation*. In assenza di trasporti pubblici efficienti o di infrastrutture telematiche la migrazione città-montagna e il pendolarismo provocherebbero un picco di traffico automobilistico con relativo peggioramento della qualità dell'aria. La saturazione del traffico estivo è già ora evidente in molte località turistiche alpine, da Chamonix all'Alto Adige. Ci sarebbero problemi nei servizi locali, dalla raccolta rifiuti alle fognature, dagli ospedali alle scuole. Nello stesso tempo ci dovrà essere anche una preparazione sociale per l'accoglienza dei nuovi abitanti delle terre alte: che non siano visti come profughi climatici scacciati da un'emergenza, ma persone che hanno fatto una scelta, che arrivino in montagna con dignità, con i loro saperi, con la loro qualità umana. Questo processo di adattamento preventivo ai cambiamenti climatici, soprattutto con applicazione alle zone costiere minacciate dall'aumento del livello marino, ha già una definizione coniata dal mondo scientifico americano: *managed retreat*, che potremmo tradurre con «delocalizzazione gestita»; ma poiché evoca un senso di sconfitta ha generato pure altre proposte piú positive come *strategic relocation* o *planned relocation*, ovvero «rilocalizzazione strategica» o «programmata». Chiamatela come volete, l'importante è occuparsene in tempo.

Aggiungiamo che i criteri generali di recupero della montagna marginale pronta ad accogliere i nuovi «cercatori di fresco» dovranno contemplare:

1) agevolazione fondiaria per ricomporre le proprietà frammentate e promuovere la vendita di immobili antichi in cattivo stato di conservazione volti alla ristrutturazione e riabitazione;
2) criteri generali di ristrutturazione che mantengano le caratteristiche estetiche tipiche dell'ambiente alpino ma non ostacolino le nuove tecnologie per l'autosufficienza energetica e la sostenibilità ambientale (isolamento termico, pannelli solari, pompe di calore, cisterne acqua piovana ecc.);
3) abbattimento della burocrazia e formazione di tecnici comunali aperti verso tali obiettivi;
4) sgravi fiscali superiori alle pari attività di riqualificazione svolte in pianura;
5) ferrea limitazione delle operazioni edilizie al solo recupero dell'esistente evitando nuovo consumo di suolo. La montagna ha spazi e risorse limitate e dunque il concetto di capacità di carico deve essere sempre tenuto presente, definendo una sorta di numero chiuso, almeno per gli abitanti stabili, al fine di non trasformare territori spopolati nel loro opposto!

6) miglioramento della viabilità, anche puntando su quella elettrica e sul trasporto pubblico o su mezzi di trasporto non convenzionali;
7) predisposizione e miglioramento delle reti idropotabili e fognarie, con particolare riguardo alla resilienza in vista di prolungate siccità o di precipitazioni intense che attivino processi di dissesto potenzialmente pericolosi per gli abitati;
8) predisposizione di una eccellente connettività internet per consentire il telelavoro, la telemedicina, la teledidattica, presupposti fondamentali per la riabitazione delle borgate alpine;
9) autosufficienza energetica, con produzione rinnovabile solare, eolica, da biomassa e microidroelettrica, al fine di costituire comunità energetiche locali;
10) recupero dei terreni agricoli abbandonati, anche con operazioni di riordino fondiario e formazione di cooperative e consorzi produttivi, per promuovere l'autosufficienza alimentare e la filiera corta destinata agli esercizi turistici locali;
11) evoluzione delle modalità comunicative e cognitive per integrare strategie pubbliche e private. Creazione di ponti culturali fra la tradizione locale e l'innovazione internazionale, per mantenere l'identità territoriale ma promuovere l'evoluzione verso modelli di sostenibilità ambientale e futuro creativo.

Lunedí 6 agosto 2018

Primo pomeriggio, arrivano letto e materassi nuovi per dormire nella vecchia stanzetta sopra la cucina senza imbarcarsi la schiena come una gondola.

Giovedí 9 agosto 2018

Cielo grigio, piove a rovesci, dopo una sosta al supermarket per acquisti e ricarica auto elettrica, saliamo al Vazon: ripulita la camera da letto e accese le stufe: incredibile, in pianura si soffoca! La sera possiamo dormire su materassi nuovi e comodi, ma certo mancano tutti gli altri comfort. La porta ha uno spiffero che ci passa una mano, per andare al wc è quasi come se si dovesse uscire fuori in cortile, ma abbiamo almeno luce elettrica e telefonino. È importante capire come si viveva qui in passato, farsi un'idea in prima persona delle ristrettezze e dei disagi, accontentarsi di quello che c'è, prima di passare a condizioni piú confortevoli che cosí si apprezzeranno maggiormente.

Una zuppa di erbe selvatiche per capire il passato.

Di tutto ciò che purtroppo è andato spazzato via della cultura e delle tradizioni contadine, certo non si può né si deve rimpiangere la miseria, la fame, il freddo, la scarsa igiene, la fatica incessante. E per capire veramente com'era il livello di vita di queste valli alpine solo cent'anni fa, basta un libro: *Una zuppa di erbe selvatiche* di Émilie Carles, un vero long-seller che nelle librerie di Briançon è sempre disponibile dopo aver visto la prima edizione nel 1977 ed essere stato poi tradotto anche in italiano nel 1980. La Carles fu una donna forte come una roccia, nata nel 1900 appena al di là dello Chaberton, a Val-des-Prés, e temprata dagli eventi della storia. Per cominciare, quando lei ha appena quattro anni, sua madre muore uccisa da un fulmine lasciando sei bambini. Émilie assiste il padre nei lavori agricoli, ma riesce pure a studiare e a diplomarsi a Parigi, diventando maestra negli anni Venti per educare alla speranza i figli di quelle avare terre alpestri. Racconta nel suo libro la durezza della vita, sua e dei contadini di montagna, costretti in un ambiente severo, in una società quasi medievale e troppo patriarcale, succube di due guerre mondiali. Si viveva con un grande affanno, d'estate nella corsa ai lavori agricoli, giornate dall'alba al tramonto senza tregua, d'inverno nel tentativo di raggranellare qualcosa con lavori artigiani, e poi accudire sempre gli animali domestici. Non c'era tempo per riflettere, per pensare ad altro fuorché alla sussistenza. L'istruzione era vista male, come qualcosa di superfluo, soprattutto per una donna. Ecco perché nella cultura alpina c'è poco posto per la poesia, l'arte, la celebrazione della bellezza, i sentimenti personali. Sempre seppelliti sotto una montagna di lavoro. La zuppa di erbe selvatiche è magra ma aromatica, è fatta di ricordi, di battaglie, di lutti e sofferenze e di poche minuscole gioie, di valori morali essenziali. Émilie sposa un operaio, che legge molto e apprezza il sapere, pacifista e libero pensatore e per questo costretto alla clandestinità durante la Seconda guerra mondiale. La guerra si porterà via anche la loro bambina di sei anni, investita da un convoglio militare mentre giocava in strada. Il Novecento è anche il periodo che vede cambiare completamente la società rurale con l'arrivo della tecnologia e delle comodità. Ma nel dopoguerra il progresso arriva tutto insieme e minaccia di fare piú danni dei vantaggi che porta, con il progetto di una devastante autostrada nella stupenda Valle della Clarée. Émilie, non piú giovane ma sempre ribelle, prende il comando dell'opposizione locale e nel 1976 riesce a evitare lo scempio. Oggi la Valle della Clarée è un sito protetto della rete europea Natura 2000. E sentite che pensiero d'avanguardia: «A che giova il progresso? A che scopo insistere sulla giornata lavorativa di otto ore? Basterebbe adottare giornate di quattro, cinque ore di lavoro per abolire la disoccupazione e trovare un lavoro a tutti. Dobbiamo imparare a vivere in semplicità: bastano un tavolo, quattro sedie, un letto; dobbiamo imparare ad approfittare del tempo libero, ad accostarci sempre piú alla natura...» Émilie conclude il libro cosí: «Che posso dire ancora? No alla violenza, no all'ingiustizia. Sí al pacifismo, sí all'Umano. E tanto peggio se questo sembra uno slogan, per me è uno slogan d'amore. Ci ho creduto, ci credo ancora, ci crederò sempre. Sino al mio ultimo respiro». Che esalò serena il 29 luglio 1979 nel suo piccolo paese natale.

Venerdí 10 agosto 2018

Cielo limpido, vento fresco. Con l'auto elettrica raggiungiamo pian piano il colletto Pourachet – nome che secondo le storie del luogo nel dialetto locale rimanda all'abbondanza di liliacee, ma chissà che non si tratti di una corruzione dal piemontese *pe d'uchèt*, «zampa d'oca», *Ranunculus ficaria bulbifer*, che non è una liliacea ma con i suoi bulbilli sotterranei può aver tratto in inganno gli storici nell'aver derivato il toponimo: questi ranuncoli crescono nei luoghi umidi e il Pourachet è pieno di sorgenti, uno di questi giorni andremo a cercarli. Da qui partiamo a piedi verso il minuscolo lago di Desertes. Il sentiero è ameno, a mezza costa tra i larici con vista grandiosa. Incrociamo i resti minimi di una capanna di legno e lamiera: era quella del matto della Croce di San Giuseppe. Non era un adepto di una strana setta – la Croce di San Giuseppe è una comoda vetta prativa di 2394 metri appena qui sopra – ma un giovane ventitreenne eremita improvvisato, che a metà degli anni Ottanta si installò inizialmente in una specie di loculo scavato nella terra, foderato di pietre e coperto da una lamiera di notte, poi costruí una rudimentale baracca di legno monoposto con tetto di latta. Diceva di nutrirsi dando la caccia alle marmotte. Gli portavano scatolame ma rifiutava, via i giornalisti, via tutti... Di notte diceva di vedere i morti, e dipingeva croci a calce sui larici per scoraggiarli, sia quelli buoni sia quelli cattivi. Per questo il luogo venne ribattezzato Pian dei Morti, scherzando sul toponimo ufficiale che si trova verso il colle dello Chaberton. In autunno, per evitare che perisse all'arrivo dell'inverno, fu riportato a valle dai carabinieri. Proseguiamo, lasciando a una futura escursione la scoperta della Tana del Montone, una piccola grotta di una trentina di metri di sviluppo, originata da un accumulo di frana a grossi blocchi sui pendii detritici della Punta Clotesse, dove si dice ci siano iscrizioni a memoria di cercatori d'oro ottocenteschi e rifugiati di guerra piú recenti. Arriviamo cosí al laghetto di Desertes, poco piú che uno stagno, ma proprio per la rarità di specchi d'acqua in questa zona è un angolo che diviene con la luce giusta, pascoli verdeggianti, cielo blu e nubi candide, una gemma preziosa. Pochi passi e siamo alla Croce Faure, sulla Punta Gardiol, un panettone erboso a 2346 metri di quota, da dove ci fermiamo a contemplare prati, boschi, vette, strade, paesi, ruderi di bunker. L'aria è fresca, non si suda, il paesaggio verde e luminoso contrasta con il biancore della dolomitica Rocca del Lago a 2744 metri, evoca fiabe medievali di fate e Lancillotti. L'occhio cerca la mulattiera che con tornanti regolari intaglia gli immensi ghiaioni sotto il Passo di Desertes, e poi il ricovero militare Rocchette incastonato nella roccia, una casermetta sulla quale fino a qualche decennio fa stava scritto: PIÚ DURI DELLA ROCCIA. Lo si vede bene nel film di Mario Soldati *Fuga in Francia*, girato tra neve e nebbia nel 1948, racconto del tentativo di un criminale di guerra italiano di trovare rifugio oltre frontiera. È una pellicola d'autore che connette casualmente due luoghi della mia vita: questi monti e il Real Collegio Carlo Alberto di Moncalieri, dove ha sede l'Osservatorio meteorologico e il mio ufficio, nel quale fu girata la parte iniziale della storia. Noi, molto piú comodamente dei fuggiaschi, rientriamo a Vazon alle 15, ma ci manca una bella doccia che ancora non è costruita! Ci ristoriamo alla meglio e la sera scendiamo a Cesana, a cena con Michele Serra e Giovanna Zucconi che spesso frequentano questi monti.

Il Forte dello Chaberton, grande opera inutile e dannosa. Imponente domina su di noi ovunque ci si muova la dirupata parete orientale del monte Chaberton, 3131 metri di quota, qui chiamato semplicemente «lo Sciàberton» anche se la pronuncia giusta sarebbe «Sciabertòn», che arriva dal piú antico *Ciabertún* che vuol forse dire «montagna da capre».

È una vetta isolata, fatta di grandi bancate di dolomie bianche e calcari dolomitici. Praticamente il fondo marino che stava a sud delle Alpi, sollevato e trascinato come le grinze ripiegate di un tappeto sulla sommità della catena montuosa. La sua parete meridionale, che incombe su Cesana e Claviere ed è percorsa alla base dalla strada statale del Monginevro, è ricoperta da vasti ghiaioni instabili, coperti da radi pini, di aspetto chiaro, arido e poco alpestre: per questo non mi è mai piaciuta, ho sempre preferito montagne piú umide, scure di boschi alla base, candide di nevai e ghiacciai in sommità. Ma ora che osservo questa montagna da un altro versante, quello nord-orientale, piú ombroso, piú lavorato da cenge e canaloni, comincia a interessarmi. Come può cambiare il punto di vista nella vita! Certamente è una montagna diversa da tutte le altre perché la sua vetta è tra le pochissime a essere stata abbassata artificialmente di sei metri rispetto a come la geologia l'aveva fatta, mentre di solito tutte le costruzioni umane di vetta cercano di aggiungere qualche metro per battere un record, per entrare in una classifica. Anche da lontano questa cima appare piatta e dentellata da otto grandi merlature: sono le torrette del forte piú alto d'Europa, la cui breve storia ha riempito decine di libri. La «fortezza delle nuvole», o la «corazzata delle nuvole» come veniva chiamato dai francesi, fu concepito dal Regio esercito italiano alla fine dell'Ottocento nell'ambito della Triplice Alleanza. I lavori iniziarono nel 1898, sotto la guida del maggiore del Genio Luigi Pollari Maglietta, nato a Modena nel 1863. Fu realizzata una strada carrozzabile di oltre 13 chilometri, dalla frazione Fenils alla vetta, 1800 metri di dislivello. Nel 1906 la batteria fu armata con otto cannoni da 149/35 in torrette rotanti corazzate, materiale trasportato in vetta con enormi difficoltà e poi, pochi anni dopo, nuovamente smontato per essere trasferito sul fronte orientale della Prima guerra mondiale e di nuovo rimontato sullo Chaberton nel 1928! Negli anni Trenta la retorica fascista della difesa dei «sacri confini» investe enormi risorse sul Vallo Alpino di cui il Forte dello Chaberton è un elemento importante ma ormai superato sul piano dell'artiglieria disponibile e piú che essere una minaccia per la Francia sta diventando un perfetto bersaglio vulnerabile al tiro curvo dei nuovi mortai. Si apre una stagione di ristrutturazioni e si progettano adeguamenti che tuttavia non verranno portati a termine, nonostante il Duce ripeta tronfio che «quando lo Chaberton tuonerà, la Francia cadrà!» L'attività in vetta ferve, truppe, centinaia di operai civili, materiali, la teleferica arditissima lunga 3,8 chilometri da Cesana, l'alimentazione elettrica ottenuta da una centrale idroelettrica appositamente costruita sulla Dora, vicina alle Casermette Varese, una vera cittadella militare a servizio del forte. Chissà i pacifici contadini di Vazon che cosa avranno pensato vedendo tutto quel formicolare su quella montagna che per secoli era stata deserta e salita solo poche volte a inizio Ottocento dai topografi del Regno di Sardegna... Poi tutto precipita in poche settimane, con la dichiarazione di guerra alla Francia da parte di Mussolini il 10 giugno 1940: il «forte piú alto d'Europa», o meglio la 515ª batteria della Guardia alla Frontiera con i suoi 340 uomini, entra in attività per la prima volta il 17 giugno per proteggere l'avanzata delle truppe italiane dal Monginevro verso Briançon. La reazione dei francesi si farà sentire il 21 giugno quando quattro mortai Schneider-Creusot da 280 millimetri alle postazioni mobili di Poët Morand e dell'Eyrette, nascoste alla vista dello Chaberton, iniziarono a tuonare con tiro curvo sotto il comando del tenente di artiglieria della 6ª batteria del 154° Régiment d'artillerie de position André Miguet, diplomato all'École polytechnique. Eh già, la guerra si fa ormai con la scienza, i calcoli balistici sono piú importanti dei fortilizi e dei muscoli da gladiatore. La nebbia impediva però la vista dell'obiettivo, ma alle prime schiarite gli osservatori di vedetta comunicarono al tenente Miguet l'aggiustamento del tiro. A partire dalle 17 e nel giro di un paio d'ore di fuoco i proiettili francesi del peso di oltre due quintali, dopo un tragitto curvilineo della durata di un minuto per coprire quasi 10 chilometri raggiungendo la quota di 5000 metri, centrarono con precisione sei delle otto torrette e misero fuori uso la teleferica. Nove artiglieri italiani purtroppo perirono, cinquanta furono feriti ma tutti resistettero con onore. Fu un brutto solstizio d'estate; dalla finestra della cucina m'immagino ora i rombi delle esplosioni e le nubi di fumo e polvere di quel bombardamento decisivo. L'armistizio del 25 giugno mise fine alla breve e paradossale guerra dello Chaberton. Mario Rigoni Stern racconta, in *Cannoni e fantasmi sul monte Chaberton*, nella raccolta *Amore di confine*, che, rientrato dopo la campagna d'Albania, fu inviato per qualche settimana a Cesana e volle andare fino in vetta a visitare di persona i resti del forte. Da bambino aveva imparato a conoscerlo dai racconti dello zio Barba che vi prestò servizio come artigliere per tre anni all'inizio del Novecento. Il giovane Mario giocava ad Asiago a costruire il Forte dello Chaberton di neve, tanto era mitico e invincibile, ma in quell'agosto 1941 era ormai ridotto in macerie nel pieno di una guerra che doveva ancora riservare al Nostro la terribile Campagna di Russia. Dopo l'8 settembre 1943 la batteria fu abbandonata e temporaneamente occupata, in condizioni estremamente severe per il freddo e la mancanza di collegamenti, da reparti della Folgore e della Repubblica di Salò e Gebirgsjäger tedeschi della V divisione Die Gams («il camoscio») fino alla resa del 1945. Sulle pareti di cemento del forte c'è un'iscrizione in tedesco dai caratteri gotici che recita: «Colui che è stato una volta sullo Chaberton ne ha abbastanza per tutta la vita». Il generale De Gaulle volle far pagare all'Italia l'affronto della «pugnalata alla schiena» sferrata dal Duce e fu cosí che con i Trattati di Parigi del 1947 la linea del confine francese, qui come altrove, fu arretrata dalla cresta spartiacque verso l'Italia fino a includere in terra francese l'intera vetta dello Chaberton e gran parte della strada di accesso per un totale di 17 chilometri quadri, in modo che la «fortezza delle nuvole» non dovesse mai piú costituire una minaccia militare per il Brianzonese. Ma era ovvio che la rivincita pesava di piú degli aspetti strategici, al punto che l'accanimento su questi dettagli da parte di De Gaulle nella formulazione delle condizioni di resa per l'Italia prese proprio la definizione di *chabertonisme*. Nell'estate 1957, per l'ultima volta, i cannoni dello Chaberton vennero smontati, fatti a pezzi con la fiamma ossidrica, trasportati a valle con delle jeep da una ditta di Cesana e venduti a una fonderia di Genova per un totale di 350 tonnellate di ferro. Da quel momento i ruderi del forte sono via via diventati una meta escursionistica iperaffollata, la strada rotabile è franata cosí che oggi si arriva su solo a piedi o in mountain bike. Molte gallerie sotterranee del forte sono state invase dal ghiaccio, tutto ciò che poteva essere rubato è stato rubato, molti rifiuti sono rimasti in vetta a testimoniare l'avvento dell'Antropocene, molte gare competitive a piedi o in bici sono state celebrate nel segno della pace tra i popoli, ma il significato finale resta il monumento alla follia degli uomini. Oltre alla morte e alla distruzione della battaglia, pensate a quanto lavoro, materiali, sforzi tecnologici, denaro sono stati dissipati per quella assurda impresa! Almeno Fitzcarraldo voleva portare un teatro nella foresta amazzonica, a fin di bene, qui si tratta di preziose risorse pubbliche che furono bruciate a 3000 metri, oltre a tutte le altre innumerevoli opere fortificate minori del Vallo Alpino, risorse sottratte a usi piú utili al popolo italiano, messo alla fame durante l'autarchia degli anni Trenta per fornire acciaio e cemento a quella che potremmo definire un perfetto modello di grande opera inutile e dannosa.

Domenica 12 agosto 2018

Festival Borgate in Festa: alle 17 abbiamo 250 persone riunite davanti a casa per la presentazione del mio libro sul clima della Valsusa, come viene chiamata in Piemonte. Atmosfera solare e gioiosa, tutti attenti, grandi riflessioni sul futuro. Radio Beckwith trasmette l'intervista mia e di Gabriele Gallo, giornalista di montagna di Mondoví. Dibattito e domande fino alle 19. È il primo evento culturale che proponiamo a Vazon. Se riuscirò a realizzare il mio piccolo polo di ricerca e di formazione scientifica delle terre alte, lo chiamerò Acer Institute, in onore dei bellissimi aceri di monte che allignano su questo versante, emulando l'Aspen Institute, grande centro di pensiero intitolato al pioppo tremolo, che ha sede nella rinomata cittadina sciistica di Aspen, a 2400 metri, in Colorado.

Cena al rifugio. Nebbia la sera, poi cielo stellato. Attendiamo la pioggia dalla Francia, e arriva all'alba: mattina grigia, fresca e piovosa, rasserena alle 14 e scendiamo a valle.

Martedí 14 agosto 2018

Genova, mentre infuria un temporale crolla il viadotto Morandi. Metafora del lento impercettibile degrado trascurato, ignorato, sottovalutato per anni, che poi in un attimo esplode in catastrofe. Vedi cambiamenti climatici.

Mercoledí 15 agosto 2018

Pranzo di Ferragosto alle baite Lauzet a Casa T., una splendida radura tra i larici a 1700 metri, un'antica grangia ristrutturata in modo impeccabile dall'architetto torinese Giorgio Ferraris: legno, pietra, decorazioni murali, un nido alpino accogliente e seducente, da cui copieremo alcuni dettagli. Il panorama è nitido, solare, verdeblu. Polenta e sughi sotto l'ombrellone. Da qui si vede tutta la conca di Cesana, e nella quiete del pomeriggio di festa m'immagino quanta gente è passata qui sotto nei secoli dei secoli.

Due millenni di viaggi transalpini, imperatori, papi, san Francesco e Petrarca.

La statale 24 sulla quale rombano oggi le moto è l'antica via delle Gallie, o via Cottia per Alpem. Dal Monginevro diventa via Domitia, diretta fino a Narbonne e all'Iberia, costruita nel 118 a.C. dal console romano Gneo Domizio Enobarbo ma già utilizzata nel 125 a.C. dal console Fulvio Marco Flacco diretto a Marsiglia con il suo esercito. Da Torino, passata l'antica Segusium (Susa), la strada faceva tappa a Oulx, l'allora Statio ad Martis, per via del tempio dedicato a Marte Ultore: era una sorta di autogrill dell'antichità.

Nonostante questo viavai, di resti romani ne sono stati trovati pochi: un miliario di Costantino, oggi murato in un palazzo privato. Forse molti elementi sconosciuti giacciono ancora sotto uno spesso materasso di ghiaia depositato dalle ricorrenti alluvioni della Dora. Invece sul versante del monte Genevris, nel 1933, durante i lavori di costruzione della Stazione sperimentale alpina di Richardet, oggi purtroppo in rovina, fu rinvenuto un tesoretto di monete, vasi e offerte alla divinità celtica Albiorix, meglio noto, dai fumetti di Asterix, come Toutatis. Un peccato che gran parte di quel ritrovamento sia andata dispersa e che oggi nulla in loco ricordi questo eccezionale santuario dell'antichità. Da Ad Martis, carovane e viaggiatori proseguivano per Goesao o Gadaone – leggi Cesana – alla volta del valico del Mons Matrona, cosí chiamato per via di antiche divinità femminili, ora Montgenèvre in territorio francese, quota 1854 metri, uno tra i piú bassi delle Alpi. Il lungo pianoro sommitale attualmente occupato da piste da sci e campi da golf era sacro agli antichi anche per le sorgenti di due fiumi: la Druentia, oggi Durance, che scorre verso il Rodano e la Duria, oggi Dora Riparia che va verso il Po. Mi emoziona pensare che Giulio Cesare è passato da qui nel 58 a.C. con i suoi legionari che andavano a combattere Asterix e Obelix. Ci volevano guide e portatori per superare le asperità del percorso, una professione tipica dei montanari locali, Segovii, Belaci e Segusini, popolazioni di stirpe ligure sotto il dominio del re Cozio, con il quale i Romani di Augusto strinsero una proficua alleanza: è da qui che escono fuori le Alpi Cozie.

Ecco come lo storico Ammiano Marcellino descrive questi luoghi durante il suo passaggio del 355 d.C. al seguito del generale romano Ursicino: «In queste Alpi Cozie, che hanno inizio dalla cittadina di Susa, si leva l'altissima catena che quasi nessuno riesce a traversare senza rischi. Infatti per chi arriva dalle Gallie è un pendio in una ripida incassatura, terribile per la vista delle rupi che incombono dalle due parti, specialmente al tempo della primavera, quando alla fusione dei ghiacci e delle nevi sotto al soffio dei venti piú tiepidi, mentre scendono a passi incerti per le gole dirupate sui due lati e per gli abissi insidiosi perché coperti di nevi, uomini e animali da soma ruzzolano, e con loro i carri; per evitare una caduta esiziale è stato trovato questo unico rimedio, che per lo piú i veicoli legati con funi enormi, mentre a tergo il valido sforzo di uomini o buoi li frena col passo che appena striscia per terra, vengono a valle con un po' piú di sicurezza. E questo succede (come dicevo) in primavera. D'inverno invece la terra incrostata dal gelo è come levigata e perciò sdrucciolevole e spinge a scivolare senza potersi arrestare; e in piú gli aperti tratti vallivi sui pianori ingoiano a tradimento per il ghiaccio di tanto in tanto i passeggeri. Per questo i pratici dei luoghi configgono nei passaggi piú pericolosi dei pali di legno che sporgono, in modo che il loro tracciato guida senza danno il viaggiatore: ma se questi scompaiono coperti dalle nevi o divelti dai torrenti montani che precipitano a valle, difficilmente si superano le frane, anche se fan strada dei valligiani. Dalla sommità di questa salita sul versante italiano si estende un pianoro di sette miglia fino alla stazione di posta detta di Marte [Oulx], di qui un'altra impennata ancor piú ripida e a stento superabile porta alla cima della Matrona, cui diede nome il caso di una nobildonna [in realtà il nome deriva dal culto delle Matres, divinità galliche]. Di lí il cammino scende, ma piú agevole, fino al castello di Brigantium [Briançon]».

C'era un tempio anche sul valico, forse dedicato al dio Giano, il cui ricordo echeggia ora dal monte Janus. Ne restano tre grandi blocchi di pietra rinvenuti nell'Ottocento, murati nella pavimentazione davanti all'ingresso della chiesa di Saint-Maurice di Montgenèvre. Le spaventose gorge di Claviere, sul versante italiano, erano invece protette in tempi medievali dalla cappella di San Gervasio. Ma per raggiungere il Monginevro non c'era un'unica strada, il fondovalle era spesso devastato dalle alluvioni della Dora e infestato da briganti, cosí è probabile che qualcuno scegliesse i percorsi a mezza costa, passando forse anche da Vazon. Che il gruppo di baite esistesse già da tempi antichi lo suggerisce la necropoli preromana della vicina Soubras, rinvenuta nell'Ottocento vicino alla cappella di San Barnaba. Undici tombe piú antiche di duemila anni delle quali oggi non c'è piú traccia, ci resta solo la scarna planimetria stilata nel 1942 dal geografo Carlo Felice Capello sulla base di memorie raccolte dagli anziani abitanti. E sui cartari medievali della prevostura di Oulx compare un alpeggio «ad Vaionaces»: che fosse Vazon? O meglio al plurale, Vazons, ancora utilizzato all'inizio del Novecento? O forse conviene ricorrere a un piú lineare etimo da «vaso», da cui «grande conca»/«grandi conche»? Che curiosità... come vorrei saperne di piú su quelle antiche popolazioni che per prime hanno abitato questi luoghi. Non lo penso solo io, perché un giorno ho sorpreso una coppia dotata di metal detector intenta furtivamente a sondare i campi di patate alla ricerca illegale di reperti archeologici. Ma la montagna tace, tocca accontentarsi di percepire un filo conduttore ininterrotto che lega queste baite a un passato arcaico. Ciò che invece sappiamo è che da Oulx e dal Monginevro sono passati tra molti altri anche: Pompeo nel 77 a.C. verso la Spagna contro Sertorio, Augusto, che – riporta Svetonio – rischiò di cadere in un dirupo spinto da un Gallo, Caligola nel 40 d.C. di ritorno da una campagna nordica, l'imperatore Galba nel 68 d.C. con le sue legioni dalla Spagna verso Roma, l'imperatore Gallieno verso il 260, l'imperatore Massimiano in viaggio dalla Gallia diretto a Milano nel rigidissimo inverno del 291, dove tra nevi e ghiacci secondo il panegirico di Mamertino «gelava anche il respiro». Nel 312 passò Costantino, che dalle Gallie scese con un esercito di 90 000 fanti e 8000 cavalieri a combattere Massenzio alle porte di Torino, poi ci passarono le orde dei Goti nel 402. San Sidonio Apollinare, vescovo di Alvernia, all'inizio dell'autunno del 467, in cammino da Arles a Roma trova il passo già coperto di neve. Seguiranno gli Unni e poi i Longobardi nel 574 e le bande dei Saraceni nel 906 che semineranno desolazione. Nel 1042 la vita rinasce con la fondazione della prevostura di Oulx, potente abbazia che per alcuni secoli tornerà a esser punto di riferimento per i viaggi transalpini, riprendendo il ruolo della *statio* romana. Papa Callisto II vi soggiornerà nel 1120 e pure san Francesco nel 1213, diretto a Santiago de Compostela, in quella che ormai era diventata una via Francigena.

Nel giugno del 1353 Francesco Petrarca di ritorno dalla Provenza si affaccia dal Monginevro verso la Valsusa che gli ispira questa accorata epistola: «O nostra Italia! Salve, terra santissima cara a Dio, salve, terra ai buoni sicura, tremenda ai malvagi, terra piú nobile di ogni altra e piú fertile e piú bella, cinta dal duplice mare, famosa per le Alpi gloriose, veneranda per gloria d'armi e di sacre leggi, dimora delle Muse, ricca di tesori e di eroi, che degna d'ogni piú alto favore reser concordi l'arte e la natura e fecero maestra del mondo! A te voglioso dopo tanto tempo io ritorno per non lasciarti mai piú: tu alla mia vita darai grato riposo e alfine mi concederai nel tuo seno tanta terra quanta ne ricoprano le mie fredde membra. Pieno di gioia io ti contemplo, o Italia, dall'alto del frondoso Monginevra [usa l'antico termine Gebenne per Ginevra]; rimangono alle mie spalle le nubi, e un vento soave mi colpisce la fronte, mentre l'aria salendo con moto leggero mi accoglie. Riconosco la mia patria, e gioioso la saluto: salve, mia bella madre, salve o gloria del mondo!»

Aguzzo gli occhi in questo pomeriggio d'estate e mi sembra di vederlo passare lí sotto con la sua tunica medievale, il capo cinto di allori e – ne sono quasi certo – una cassa di preziosi libri, visto che nelle *Lettere familiari* confessa: «Non so saziarmi di libri. Può darsi che ne abbia già piú del necessario, ma [...] i libri ci offrono un godimento molto profondo, ci parlano, ci danno consigli e ci si congiungono, vorrei dire, di una loro viva e penetrante familiarità».

Poi il 2 settembre 1494 vedo scendere dal passo un rumoroso esercito di 20 000 uomini e 70 modernissimi cannoni agli ordini di Carlo VIII, re di Francia, che aprirà il turbolento periodo delle guerre d'Italia. Dal Cinquecento in poi è una continua scorreria di eserciti vari che non riesco a memorizzare, guerre di religione, guerre di successione, spagnoli, francesi, sabaudi. Di militari su e giú dalle gole di San Gervasio ne passeranno molti, con relativi saccheggi e devastazioni; commercianti e viandanti se ne vedranno assai meno. Piú gioioso sarà il transito di Maria Antonia Fernanda di Spagna, diretta all'Abbazia di Oulx per convolare a nozze – il 31 maggio 1750 – con il duca Vittorio Amedeo III di Savoia, futuro re di Sardegna. Il 22 luglio 1775, in fuga dalla Provenza, ci capitò pure il marchese de Sade con 12 portatori e 8 muli. La sua carrozza venne equipaggiata di cunei di legno da metter sotto le ruote per evitare di precipitare a valle. Giunto sul versante italiano, il suo conduttore M. Prat gli confessa che in vent'anni questa è soltanto la terza carrozza che ha visto transitare sul passo, a riprova di quanto ormai quella via fosse caduta in disuso a vantaggio del Moncenisio. De Sade si sente cosí un novello Annibale, sostenendo che il grande condottiero fosse passato di lí duemila anni prima, cosa che non possiamo accertare nemmeno oggi.

L'Alta Valle di Susa dal 1343 era parte del territorio francese detto Delfinato, sotto il dominio dei Delfini, dinastia di sovrani che avevano gli animali marini nel loro stemma araldico. Con la concessione della Grande Charte, una sorta di piccola costituzione alpina scritta su una pergamena di montone e conservata a Briançon, nasceva allora la Repubblica degli Escartons (da *écarter*, «ripartire», «dividere le spese») che godeva di vasti privilegi e relativa autonomia fiscale e democratica.

Una piccola regione alpina di circa 40 000 abitanti, divisa in cinque cantoni di cui uno era quello di Oulx. Nel municipio di Château-Ville-Vieille è custodito l'armadio delle otto serrature: per accedere ai documenti che riguardavano decisioni importanti dell'Escarton del Queyras era necessaria la presenza dei rappresentanti delle sette comunità locali piú il segretario generale, ciascuno munito della propria chiave. Fu un periodo fiorente che diede luogo al «paradosso alpino», cioè a comunità medievali di montagna all'avanguardia, istruite e colte, dove la maggior parte degli abitanti sapeva leggere, scrivere e far di conto. Con il Trattato di Utrecht del 1713 gli Escartons venivano divisi tra Francia e Regno di Sardegna e la linea di confine con lo Stato sabaudo arretrava da Chiomonte al colle del Monginevro seguendo la cresta spartiacque. Napoleone sarebbe poi passato da lí nel 1796 con la sua Armata d'Italia e con il tricolore repubblicano mettendo definitivamente fine alle autonomie locali e lasciandoci, a ricordo dell'apertura della moderna carrozzabile nel 1804, l'obelisco alto 20 metri sul colle. L'invasione napoleonica del Regno pontificio ebbe come effetto l'esilio e la prigionia di papa Pio VI che il 30 aprile 1799, esausto, all'età di 81 anni, fu costretto ad attraversare il Monginevro e a dimorare cinquanta giorni a Briançon, prima di essere tradotto a Valence dove morí il 29 agosto di quell'anno. Spesso si dice che la storia è stata fatta nelle città. Ma quanta storia è passata dalle montagne! Decine di migliaia di sciatori ogni inverno affollano le piste della Via Lattea e d'estate si godono la frescura: non un segno, un piccolo museo, un simbolo che racconti loro di questi fatti appassionanti. Ci vorrebbe almeno un cartello sulla statale che dica: «State transitando sull'antica Via delle Gallie. Da qui passarono Giulio Cesare, san Francesco, Petrarca, eserciti e sovrani». E sul cartello stradale che annuncia che siete a Oulx, io aggiungerei «Ad Martis».

Domenica 19 agosto 2018

Giornata tranquilla in casa, piccoli lavoretti, tinteggiatura a calce della vecchia cucina, prime ore di lettura guardando lo Chaberton: ovviamente in mano ho ancora *Una zuppa di erbe selvatiche* di Émilie Carles. Passeggiata nei prati con la mappa catastale alla ricerca dei terreni di pertinenza. Nonostante Google Maps, immagini satellitari e GPS trovare tutte le 54 particelle è un'impresa. Alcuni sono bei prati dove potremo piantare le patate, in altri si riprenderà a falciare l'erba per il fieno che daremo alle capre dell'unico allevatore rimasto, altre sono porzioni di lariceto addirittura sul versante settentrionale del Cotolivier. In totale sono sei ettari, ma il pezzo piú grande non è che di 4000 metri quadri. Quello piú piccolo di 127 metri quadri, incastonato in mezzo ad altre proprietà. Se ci passi sopra per accedervi, anche se sembrano abbandonate e coperte di rovi, se pesti quattro fili d'erba non tuoi, nel giro di poche ore trovi qualcuno che ti fa sapere che ti arriverà una lettera di diffida dall'avvocato… Non importa se il proprietario è in Australia, qualcuno che guarda da lontano dietro le tendine e riferisce dell'intruso che non ha chiesto permesso c'è sempre. Meschinità montana… Temporale forte con fulmini e tuoni alle 21. Prima di dormire accendiamo la stufa in camera da letto, il crepitio della legna ci accompagna al sonno.

Sabato 25 agosto 2018

Giornata dedicata all'accensione del vecchio forno comunale, è un po' malandato ma funziona ancora: tagliato un vecchio frassino già secco per far gran fuoco, un giorno intero per scaldare i mattoni umidi di un anno. Cielo nuvoloso, in arrivo aria fredda da nord.

Domenica 26 agosto 2018

Festa del Vazon, mercatini, banchetti artigianali di prodotti locali. Il forno è caldo, pizze, focacce e porchetta. Cena della borgata alla sera, sotto la tettoia della fontana. Giornata di colori, luce, cibo e musica, ghironda, cornamusa, flauto, chitarra. Mattina molto fresca, termometro a sei gradi, meno uno in vetta al Fraiteve, ma tempo asciutto e ventoso. Primi sentori d'autunno, in pianura se li sognano…

Mercoledí 5 settembre 2018

Una ventina di giovani – in prevalenza architetti – della scuola estiva «Sviluppo locale sostenibile nei territori di montagna» a Ostana (Valle Po) e Oulx (Valle di Susa), organizzata da Università e Politecnico di Torino, fa visita in un bel pomeriggio di sole a Vazon. È la prima lezione sul campo fatta quassú… Guardiamo le antiche pietre, i canoni della casa alpina come unità produttiva autosufficiente, ma cerco di spiegar loro anche il fascino sottile del *genius loci* e il perché non taglierò i due abeti nel cortile, che – come quelli del brolo di Mario Rigoni Stern in *Arboreto salvatico* – tolgono sí un po' di panorama ma tra le cui fronde emerge il canto frusciante del vento. E, come dice Fernando Pessoa, «penso che solo per udir passare il vento vale la pena esser nati». Ovviamente che sia una brezza gentile e non la furiosa tempesta Vaia che tra un paio di mesi abbatterà migliaia di ettari di foresta nelle Dolomiti!

«Genius loci».

Dov'è il *genius loci* di Vazon? Negli aceri di monte che crescono a polloni raggruppati lungo il piccolo rio, con le loro cortecce screpolate e le foglie dorate a inizio autunno, nei sentieri costeggiati di millenari muretti a secco, nei cupi abeti inframmezzati a luminosi larici, nelle antiche baite un po' pietra un po' legno, nei comignoli anneriti, negli steccati appuntiti degli orti, nella fontana ottocentesca di pietra, in quel pendio a forma di scivolo del Seguret che vedi a oriente, in quella parete dirupata dello Chaberton che chiude a occidente, nel vicolo ombroso che unisce la cima con il basso della borgata... Dove non è: nelle lamiere ondulate arrugginite sui tetti, nelle reti e nei nastri da cantiere in plastica arancione che recintano gli orti, nel muro in calcestruzzo che grida arrogante «questo è mio» invece di una semplice staccionata, nella finestra lucida d'alluminio, nelle rosse tegole marsigliesi, nell'armadio in plastica dei contatori dell'elettricità, nell'antenna televisiva piantata in mezzo al tetto, nei container di seconda mano utilizzati come ricovero del pastore... Plinio Martini, nel suo romanzo sull'antica povertà delle vallate ticinesi *Il fondo del sacco*, riporta: «Un paese [l'America] dove nessuno si affezionava a un posto, e tutti costruivano come se da un giorno all'altro avessero potuto cambiare idea, e vendere, o rifare, o andar via. Ed è proprio col pensare alle nostre cascine che ho capito la differenza: cosí povere, ma fatte bene e al posto giusto, che a portarle quattro metri in là non è già piú la stessa cosa; e fatte per resistere e durare, con quei grossi travi portati su uno per uno». *Genius loci* è unità di paesaggio, armonia di forme e materiali con la naturalità circostante, sedimentazione della storia geologica e naturale con quella umana: un insieme indefinibile che si fa paesaggio emotivo. Questa borgata trae gran parte del suo fascino dall'essere rimasta com'era in passato, non è stata stravolta da pali della luce stradali, non ci sono ingombranti condomini o insulse villette a schiera, non c'è asfalto che ricopre l'unica via, le ristrutturazioni sono state fatte quasi sempre con garbo e rispettando i canoni estetici locali, oppure semplicemente non sono ancora state fatte. C'è molto da recuperare che oggi versa in condizioni precarie, e dunque non si può che migliorare, ma il rischio di scivolare nel disgustoso o nel pacchiano è sempre dietro l'angolo.

Giovedí 6 settembre 2018

I muratori tornano dalle vacanze, oggi demolizione di solai, muri in mattoni e pavimenti piastrellati degli anni Settanta. Le macerie che si generano sono impressionanti, per fortuna sono materiali inerti, ma brutti da vedere, tutti quei cocci rossi, quelle piastrelle azzurre e verdastre, quegli intonaci bianchi e grigi, non c'entrano niente con i materiali del luogo, pietra, malta di calce, legno. E poi il cemento massicciamente impiegato nel secondo dopoguerra per qualsiasi intervento: ha rovinato una moltitudine di case, usato come intonaco al posto della calce, non solo per il colore grigio uniforme in luogo della varietà dei toni dal tortora al giallo paglierino frutto delle malte del luogo, ma anche perché ha esaltato i danni da umidità sugli edifici. Essendo poco poroso e quasi impermeabile ha impedito la traspirabilità dei muri, nei quali la risalita di umidità dal suolo per capillarità si è alzata di livello non potendo evaporare, degradando murature e facendo scollare gli intonaci. Ci vuole conoscenza ed esperienza, ogni materiale ha il suo impiego corretto e il cattivo fai da te ha creato guasti diffusi, difficili da risanare.

Sabato 8 settembre 2018

Di ritorno da un viaggio di lavoro a Forni di Sopra, nella montagna carnica, mi ritrovo con una fastidiosa sinusite allergica che per un po' di mesi mi renderà il mondo piú opaco.

Giovedí 27 settembre 2018

Splendida giornata. Terminate le demolizioni interne, trasportati dalla bassa valle i sacchi di calce per gli intonaci interni e le tavole di larice per il soffitto delle stanze. Ripulite le grosse travi di vetusti larici del solaio e iniziato a rinforzare l'orditura portante in legno. Si pranza tutti fuori nel dehors della Chardousë, al cospetto del Grand Pic.

Domenica 30 settembre 2018

Passeggiata al Soubras, visitiamo vecchie case mentre i pochi abitanti raccolgono le patate. Rientriamo la sera, tra qualche nebbia.

Ottobre 2018

Un mese climaticamente mite, che trascorro però infastidito dalla sinusite allergica e con molte trasferte ferroviarie in giro per l'Italia: Brescello, Parma, Tione di Trento, San Daniele del Friuli, Udine, Trento, Pergine, Cuneo, Gardone Val Trompia, Bologna, Bergamo, Lugano, Lumezzane: ovunque osservo attento il territorio, faccio confronti, porto e prendo idee. A Vazon gli operai lavorano, montano l'assito in larice del solaio, impostano l'orditura delle pareti in legno del nostro appartamento che sarà il primo nucleo vivibile dentro la grande casa. Rapide puntate per controllare i lavori, ma tutto sfugge un po' troppo velocemente, non passiamo giorni calmi, ma sempre concitati tra appuntamenti e su e giú. Lo studio di architettura Elena Mercalli - Dario Miron di Torino, meno noto di Renzo Piano ma piú attento ai dettagli dell'inserimento dolce in luoghi di pregio paesaggistico, procede con il progetto, che via via prende forma nei dettagli.

Città metropolitana o Provincia metromontana?

Il 9 ottobre, sotto un cielo mite e soleggiato, una collega della Città metropolitana di Torino sale da noi per valutare insieme progetti europei a favore della montagna: niente da fare, tanta burocrazia, poca sostanza, desistiamo. Mi pare fosse piú rappresentativa la vecchia «Provincia di Torino», fatta di città, pianura, collina e montagna, come si studiava alla scuola elementare. Che cos'è invece questa Città metropolitana? Parole vuote, termini ambigui, visioni confuse. Il concetto di città non si può applicare anche a questi pascoli, a queste vette pietrose. Cos'ha da spartire piazza Castello lontana cento chilometri con queste venti baite? Non è che al di là di grandi dichiarazioni d'intenti, riemerge l'imposizione di un modello urbano e centralizzato anche a tutto ciò che urbano non può e non deve essere? Piú che di una Città metropolitana abbiamo bisogno di una Provincia metromontana, visto che il 60 per cento del territorio è di montagna.

Una montagna di balle.

Nella Costituzione italiana l'articolo 44 recita: «La legge dispone provvedimenti a favore delle zone montane». Può darsi ce ne siano, ma fatico a trovarli. Da trent'anni partecipo a convegni, seminari, lezioni, scuole estive, corsi di formazione e di aggiornamento, incontri della Commissione europea sul futuro della montagna, sia come uditore sia come relatore. Da trent'anni sento dire che occorre un nuovo modello di sviluppo, piú equilibrato, che il recupero e la riabitazione delle antiche borgate abbandonate sono prioritari, che la sostenibilità ambientale deve essere il nuovo faro contro la speculazione edilizia dei comprensori turistici basati sullo sci totale, che l'agricoltura e l'allevamento di qualità devono rivitalizzare terreni abbandonati e frammentati, che nuovi mestieri devono nascere sulle terre alte, che il turismo dolce deve sostituire quello competitivo. A mia volta ho aggiunto in queste riflessioni il tema della fragilità del territorio di fronte al cambiamento climatico e la necessità di progettare una resilienza energetica, climatica e alimentare a lungo termine. Produciamo pensiero, redigiamo programmi e firmiamo petizioni e manifesti. Su queste zone scriviamo dichiarazioni altisonanti tipo: «Un'esperienza interattiva, multidimensionale, trasversale e inclusiva per rinnovare linguaggi e strumenti, per riannodare fili tra teoria e pratica, per costruire nuovi spazi di produzione della conoscenza cosí da individuare tracce di uno sviluppo diverso e alternativo». Sante parole, che appaiono logiche e concrete quando il convegno è a Bruxelles o in Francia, Svizzera, Austria o Slovenia, che sembrano ancora realizzabili in Alto Adige/Südtirol, in Trentino e in Valle d'Aosta e che diventano improvvisamente aria fritta, inapplicabili, lontane e irraggiungibili nel resto della montagna italiana, tanto alpina quanto appenninica. Gli enti nazionali e locali lanciano progetti di legge per la montagna, strategie per le aree interne, finanziamenti mirati, progetti transfrontalieri per macroregioni, con siti internet pieni di loghi di cooperazione tra organismi ufficiali, associazioni internazionali. Un gran capitale di conoscenza scientifica, sociale, tecnologica, culturale e di entusiasmi quasi sempre genuini che indubbiamente esiste ma rimane sottoutilizzato e soprattutto non entra nel sistema circolatorio della quotidianità montana. Ovvero, nel momento in cui svesto i panni del ricercatore e torno normale cittadino cosa mi arriva di tutto ciò? Nulla. Ho voluto con questa mia esperienza provare a realizzare in concreto ciò che teorizzavo sulla carta e nelle sale riunioni, e la verifica è stata drammaticamente deludente. Sei sempre un escluso. I bandi non sono mai adatti al tuo profilo, manca sempre qualche credenziale, qualche appartenenza a una categoria. Se vuoi occuparti dei tuoi terreni ma non sei agricoltore o allevatore di professione, zero aiuti. Ma quanti alpeggi hanno «animali-numeri» solo per prendere i contributi comunitari e non per fare formaggi sopraffini? E quante piccole attività artigianali condotte con passione languono invece sotto i colpi di una burocrazia asfissiante e implacabile? Se vuoi ristrutturare a regola d'arte la casa di montagna ma non sei un imprenditore, nessuna particolare facilitazione. Per fortuna ci sono gli sgravi fiscali per il risparmio energetico, ma non c'è alcuna distinzione tra montagna e pianura, sono incentivi che valgono per tutti. Se – ora che dimostri concretamente di fare ciò che si chiede ai convegni di politica montana – credi di meritare qualche agevolazione, scordatelo. Vedrai tutti i problemi e gli ostacoli della montagna rimanere tali, accanto all'assenza dei vantaggi di chi opera piú facilmente a bassa quota. Limiti tanti, facilitazioni nessuna. La strada è stretta, non si può passare con mezzi pesanti perché crolla, non si può passare d'inverno perché non ci sono soldi per lo sgombero neve, non si può far manutenzione programmata dei muretti a secco sempre per mancanza di soldi pubblici, non si può passare il martedí mattina d'estate perché è riservata ai ciclisti, non si può lavorare con il cantiere ad agosto per non disturbare i turisti, non c'è la raccolta rifiuti e te li devi portare a valle da te, però tutte le altre norme valgono esattamente come a Torino o a Milano. E le tasse ovviamente sono piú alte: seconda casa, secondo contatore dell'elettricità. A me sta bene avere dei servizi in meno perché per mille motivi in alta quota non è razionale disporne. Ma allora vorrei pagare un po' meno tasse! Talora mi sembra di essere percepito come un banale vacanziere, da spremere e buttare quando non serve piú. I fondi comunitari, nazionali, regionali, locali, comunali sono sempre destinati a qualcun altro che ha i titoli formali per accedervi. Se vuoi fare un impianto di innevamento artificiale, una nuova funivia, una pista di guida sicura, le Olimpiadi, le gare di qualsiasi cosa, una via ferrata, i soldi ci sono. Basta che tu «faccia», nel senso di aggiungere qualcosa di nuovo al territorio, provocare crescita materiale vistosa. Se il tuo progetto è invece quello di manutenere ciò che già c'è, curare in dettaglio un pezzetto di montagna con passione, amore e competenza, non sei tra gli aventi diritto. Nei formulari da compilare non è prevista una casella da barrare da uno a dieci su quanto amore hai per la montagna. Ho guardato sconsolato la montagna di atti di convegni, di relazioni e dotte pubblicazioni piene di condizionali sul futuro delle terre alte, accumulata come un antico sedimento geologico nei miei scaffali. Ho capito perché restano lí: perché si tratta di una montagna di balle! Parole, aspettative, proposte, auspici. Ma i sogni delle persone, soprattutto dei giovani che vogliono tornare a vivere e lavorare in montagna, si infrangono nel confronto con la realtà, fatta di burocrazia estenuante, spese notarili e balzelli medievali, frammentazione dei terreni e degli immobili, diffidenze e invidie dei residenti locali, indifferenza e pigrizia dei pubblici funzionari: ce n'è abbastanza per desistere ancor prima di iniziare. Manca un progetto corale, che sia desiderato e accudito a tutti i livelli della società, dal ministro all'assessore comunale. Le modeste risorse per lo sviluppo montano (e sottolineo sviluppo e non crescita) tanto trionfalisticamente annunciate, sono dirette quasi sempre ai pochi amici degli amici o a chi è disposto a scendere a opachi compromessi o a veri e propri imbrogli. Cosí la montagna non è certo aiutata ma sfruttata.

Mercoledí 31 ottobre 2018

La borgata pian piano si spopola. Ottobre però è molto caldo, a parte il giallo degli aceri il paesaggio dei larici ancora verdeggia. Niente brina, niente autunno. Abbiamo un acquedotto locale che attinge a una sorgente poco sotto la sommità del Cotolivier. Preziosa fonte antica in queste terre prive di corsi d'acqua, e forse unica ragione per l'esistenza storica di questo villaggio. No acqua, no case. Ma la conduttura è vecchia, in alcune parti è esposta al gelo invernale, necessita di una sostituzione. Un gruppo di tecnici dell'azienda di servizio idrico viene a fare un sopralluogo. Nella prossima primavera partirà il cantiere. Ecco uno dei pochi buoni esempi di complementarietà città-montagna. Senza l'apporto pubblico che finanzia le infrastrutture di base anche per le zone a minore densità di popolazione, un lavoro cosí costoso e impegnativo, che prevede anche il potabilizzatore con lampada a ultravioletti, non sarebbe possibile. Le sole forze di una ventina di proprietari, anche riunite in *corvées*, non sarebbero riuscite a fare un impianto moderno e sicuro. Del resto l'acqua della montagna alimenta anche la città, quindi è giusto che ci sia questa cooperazione. Intanto piove, c'è nebbia, qualche fiocco di neve bagnata cade sui prati ancora verdi: appena un velo, andrà via nei giorni successivi sotto una mite pioggia sciroccale. Attendiamo con ansia la consegna della nuova stufa acquistata in Alto Adige, ma non arriva.

Venerdí 2 novembre 2018

Piove, saliamo per pranzo da Carmen e Mario, che stanno tre case a monte di noi, hanno acceso la loro bella stufa di ceramica verde: la nostra arriva finalmente alle 14, un voluminoso pallet da 250 chilogrammi che trasciniamo con fatica nella vecchia cucina. Apriamo l'imballo, spostiamo, spingiamo, montiamo i tubi fumo e alle 16 ci sono le prime fiamme che baluginano dal vetro della ML80 Rizzoli, stufa tecnologica a basse emissioni e ad alte prestazioni. Mi dà piú emozione di una Maserati. La nuova cucina economica moderna ed efficiente ha sostituito quella vecchia e fumosa. La tenuta ermetica della camera di combustione e il dosaggio accurato dell'aria comburente fanno sí che dal comignolo il fumo sia quasi invisibile. Ora l'antico «peilo» del pian terreno ha di nuovo un cuore caldo e pulito proprio mentre l'inverno si avvicina. E presto a quel cuore caldo si unirà anche la biblioteca d'altitudine.

Biblioteche d'alta quota.

Quando rientro a Torino dai miei viaggi in treno riesco a concedermi uno sguardo alle bancarelle dei libri usati, una risorsa di eccellenza per la cultura, meglio di quelle parigine sulla Senna, perché a Torino sono al coperto sotto i portici di via Po, via Cernaia, piazza Statuto. Cosí ho iniziato a costituire il primo nucleo scelto a caso della futura biblioteca d'altitudine: poesie di Puškin nella collezione rossa Mursia dei primi anni Sessanta, una raccolta di racconti di Guy de Maupassant, il romanzo dell'Ottocento tedesco *Quand'ero agricoltore* di Fritz Reuter, un paio di volumi di romanzi di Balzac, un *Orlando Furioso* nella prestigiosa collana Utet, il *Marlborough* di Churchill. Li ho portati a Vazon poco prima della chiusura della strada, li ho infilati in vecchi comodini nella camera da letto pastorale, lasciati lí da soli a passare l'inverno a presidio letterario della solitudine alpina. Sono sempre vissuto in mezzo ai libri, ho ammirato le grandi biblioteche urbane, incluse quelle scientifiche, come quella dell'antico Osservatorio meteorologico del Real Collegio Carlo Alberto di Moncalieri, sotto la mia custodia da un quarto di secolo, e mi è sempre parso importante che anche nelle sperdute aree interne ci fossero questi centri di sapere. Anche se oggi sulla rete si possono consultare in formato digitale i libri di tutti i tempi, la biblioteca cartacea credo mantenga una funzione locale quasi protettiva, in grado di irradiare nel suo intorno la potenza della conoscenza e la bellezza dell'arte poetica: in Valle di Susa echeggia ancora la mitica biblioteca dell'Abbazia della Novalesa, dispersa, ahinoi, durante le invasioni saracene poco prima dell'Anno Mille. Qualche anno fa fui colpito dalla visita alla biblioteca spontanea di padre Sergio De Piccoli a Marmora, in Val Maira, a 1540 metri. Definita da alcuni un po' ingenuamente la «biblioteca piú alta d'Europa», in realtà superata da molte altre come quelle dell'Ospizio del Gran San Bernardo a 2473 metri o dalla semplice biblioteca civica di Saint-Moritz a 1800 metri, mi ha però impressionato per la sua improbabile collocazione. È ospitata in una malandata canonica di una frazione dimenticata, dove padre Sergio, monaco benedettino, ha impiegato trentaquattro anni per raccogliere, fin dal 1978, i 73 000 volumi frutto di donazioni e di recuperi casuali, che piú eterogenei non si può. Gli spazi sono angusti e zeppi di scaffali tra cui ci si muove a fatica, un vero labirinto di carta il cui valore sta nell'occasione di fare incontri fortuiti, proprio come quando si scava in una miniera e non si sa cosa si troverà di prezioso. Padre Sergio è morto nel 2014, non so che fine abbia fatto oggi quella muraglia di carta, ma ogni volta che penso a biblioteche di montagna mi torna in mente. Qui da noi a 1650 metri è dunque il posto giusto per fondarne una nuova. Mi accontenterei per ora di settemila volumi, la stima di quelli che possono stare nello sviluppo lineare degli scaffali del primo appartamento. Essere circondati dai libri, un po' per il conforto che ci offrono, antidoto alla noia, all'inquietudine, alla tristezza, un po' anche solo per vederli sempre presenti attorno a noi, è uno dei motivi di una buona vita: la biblioteca oltre che offrire conoscenza ha un potere lenitivo unico sui piccoli malesseri quotidiani. Ma c'è di piú. Siccome ciò che poteva esser fatto per evitare la crisi climatica non è stato fatto e temo che anche nell'attuale urgenza ambientale continueremo a non farlo, tocca prepararsi a tempi bui e realizzare un programma minimale di adattamento transgenerazionale fisico ma anche culturale. L'operazione salvataggio in montagna non sarà per tutti, ma almeno cercherà di salvare pezzi di civiltà. Prevedere il futuro è difficile, ma è il mio mestiere, lo faccio da tutta la vita, attraverso la meteorologia e il clima. Non sappiamo nei dettagli come andrà a finire, ma certo il mondo di domani sarà molto diverso da quello di oggi con molti nuovi pericoli che appariranno sotto il nostro cielo, in gran parte da noi stessi forgiati o aizzati. La mia speranza è quella di poter contribuire a traghettare l'umanità al di là dell'oceano in tempesta, in una nuova epoca con un benessere sobrio e durevole. Ciò che non vorrei è il crollo traumatico e drastico della civiltà tecnologica che fa perdere tutto e tornare a uno stato primordiale, come accade alle giovani sorelle Eva e Nell nel romanzo postapocalittico *Nella foresta* di Jean Hegland (1996). Per loro il ritorno alla natura arcaica è drastico e perfino i libri dell'amatissima biblioteca di casa verranno dati alle fiamme perché considerati impossibili da trasportare e conservare in una vita nomade e ridotta alla mera sopravvivenza. Io preferisco l'approccio di Marguerite Yourcenar nelle *Memorie di Adriano*: «Fondare biblioteche è come costruire ancora granai pubblici, ammassare riserve contro un inverno dello spirito che da molti indizi, mio malgrado, vedo venire». Infatti mi sembra oggi di stare in un qualche momento appena prima delle grandi invasioni barbariche, tra III e IV secolo. Il nostro sistema tecno-economico tiene ancora, ma sta raggiungendo i suoi limiti fisici, non riesce piú a correggere i propri errori, osserva i malfunzionamenti di cui è responsabile, ma non ammette autocritica e cambiamenti di paradigma, tira vento di decadenza. È ora di costruire arche e scialuppe di salvataggio finché il mare non è ancora in tempesta, dopo, lo stress e l'urgenza potrebbero impedirlo.

Domenica 4 novembre 2018

Saliamo di fretta, e alle 15 ci raggiunge la troupe del TG1: pioggia, nebbia, anche se l'atmosfera è mite per la stagione, con circa sei gradi. Si montano telecamere, luci e antenne sotto la tettoia della fontana. La borgata è deserta nella nebbia e nel bagnato dell'imbrunire, ci ripariamo tutti in casa a prendere una tisana calda davanti alla stufa fiammeggiante. Alle 17.30 inizia la diretta con Igor Staglianò, speciale TG1 sulle tempeste di scirocco che hanno spazzato l'Italia nella settimana. È probabilmente la prima diretta televisiva nella storia di Vazon, farà 2,5 milioni di spettatori. Scendiamo a valle alle 19, per altre dirette televisive serali sul maltempo. È ora di chiudere l'acqua per evitare danni da gelo nell'inverno, anche se del freddo ancora non c'è traccia.

Sabato 10 novembre 2018

Arriviamo verso mezzogiorno, accendiamo la stufa in una giornata nebbiosa e piovigginosa, il grigio sciroccale di quest'autunno non permette di gustare i colori dorati delle chiome dei larici. Nel pomeriggio i vigili del fuoco di Oulx restituiscono alla borgata la vecchia pompa antincendio ottocentesca che viene ricoverata di fianco al forno comunale; portano anche una motopompa a benzina destinata alla sicurezza antincendio, facciamo tutti insieme una prova, attivando le manichette e l'idrante. Certo, per noi improvvisati, ci vuol cosí tanto tempo a preparare e collegare i tubi che pensi alla tua casa in fiamme: quando arriva il primo getto d'acqua ormai è bruciato tutto! Fa buio verso le 17.30: in cucina la stufa riscalda e, novità, la musica esce da due piccoli altoparlanti collegati con il telefonino. Ceniamo in tranquillità e andiamo a dormire con il termoletto elettrico, celebrando cosí la chiusura di casa per la lunga pausa invernale del cantiere. Nella notte scrosci di pioggia tamburellano sulle lamiere del tetto.

Domenica 11 novembre 2018

Al mattino il cielo è ancora grigio e piovigginoso. Indugiamo sotto il piumino, poi accensione della stufa in cucina e colazione. Alle 10.30 Radio svizzera classica, attraverso l'internet sul telefonino, diffonde lo squillante Concerto in re maggiore per due trombe, archi e basso continuo di Francesco Onofrio Manfredini (Pistoia, 1684-1762): suoni che ci giungono da un passato coevo delle antiche pietre di questa casa! Fuori ancora nebbia, fango, gocciola tutto, erba ancora verde, 5 gradi. Si sta bene nella cucina sia pur ancora minimale e antiquata, unico luogo confortevole della casa. È però giunta l'ora di chiudere bottega in vista del lungo inverno alpino: il cantiere – ridotto all'orditura lignea delle pareti, pronte ad accogliere l'isolamento termico dell'alloggio al primo piano sopra la stalla – potrà riprendere soltanto a metà aprile, quando verrà riaperta la strada. Tra pochi giorni arriverà la neve e non potremo piú risalire in automobile. Svuotiamo l'impianto idraulico, togliamo la corrente, sbarriamo porte e finestre. Verso mezzogiorno con malinconica decisione voltiamo l'auto verso valle, sobbalzando tra le pozzanghere e la fanghiglia dello stradello che esce dalla borgata. La nebbia si dirada, appena per far intravedere qualche lembo d'azzurro.

Novembre 2018

Travolti da impegni cittadini e viaggi di lavoro i giorni passano rapidi e intanto la neve arriva a Oulx nella notte di lunedí 19 novembre: ora anche Vazon sarà tutta imbiancata, pochi centimetri, ma è l'inizio ufficiale dell'inverno. Nuova neve arriverà il 23 novembre, forse lassú ce ne saranno una ventina di centimetri, al Rifugio Rey ce ne sono 33.

Dicembre 2018

Il mese passa tra viaggi, incombenze e salute non ottimale, ma poi arriva Natale: il clima è asciutto e mite, la neve fonde.

Sabato 22 dicembre 2018

Si riesce a salire in auto fino a Pierremenaud, poi la strada è ghiacciata e non è prudente proseguire. Continuiamo a piedi, in venti minuti siamo a casa. Gran sole, all'interno ci sono due gradi, accendiamo la stufa, pranziamo al rifugio. Mucchio-dipietre è ancora un cantiere inospitale cosí decidiamo di rientrare a valle nel tardo pomeriggio, con il buio: attenzione a non scivolare sul sentiero ghiacciato! Ma la temperatura è sopra zero...

L'insostenibile pesantezza della burocrazia.

La casa era rubricata al catasto in categoria «lusso» per un errore che si trascinava da anni e non era stato corretto dai proprietari francesi, cosí si pagavano tasse ben superiori al suo stato effettivo di edificio rurale fatiscente. Poco dopo l'acquisto avevamo fatto domanda di variazione, riportando l'immobile alla sua condizione ben piú modesta, solite scartoffie da compilare, relazione di professionisti, timbri e bolli. Poco prima di Natale arriva la risposta: la revisione della categoria «lusso» non è accettata! D'ufficio si ritiene che la casa non sia rurale, come sono invece tutte quelle attorno nella borgata, ma viene equiparata a quelle che nel centro del paese risultano eleganti villini con garage accessibili tutto l'anno! Ovviamente l'errore è a favore dello Stato. Che rabbia: facciamo ricorso. Ma insomma, ogni volta che si passa da un pubblico ufficio possibile che ci si debba preparare a subire ogni sorta di vessazione anche quando si ha ragione? Nuove carte, nuovi moduli, incontri con funzionari. Svelato l'arcano: vige una procedura automatica che non declassa mai gli immobili a una categoria piú bassa, poi se si fa ricorso e si dimostra questo e quello, allora si può arrivare all'accettazione. Anche i diritti devono essere guadagnati con fatica in questo nostro paese. Comunque alla fine la casa otterrà la sua giusta categoria, considerando che è pure raggiungibile in auto per soli sei mesi all'anno!

Lunedí 31 dicembre 2018 e martedí 1° gennaio 2019

Giorni e giorni di anticiclone mite, non nevica, non gela, la poca neve va via. Chi l'avrebbe detto che per Capodanno si sarebbe potuti salire al Vazon in auto? Eccoci lí, alle 13 del 31 dicembre. In casa sei gradi, nove fuori, sembra una giornata d'ottobre. Paesaggio asciutto, nessuna traccia di neve e ghiaccio. Il sole tramonta dietro lo Chaberton alle 15.52, con una lenta discesa che segue il profilo del pendio durata una ventina di minuti, nel frattempo entra dalla porta verso il cortile illuminando la futura cucina, dove il cantiere silenzioso attende la ripresa primaverile. Nel vecchio «peilo» al pian terreno prepariamo la pizza, cotta nella stufa che va a tutto vapore. La sera «cenone» senza lustrini e cotillon, insieme a Giorgio, Lorena e i giovani Giulia e Andrea, *habitués* estivi della borgata anch'essi qui grazie alle stranezze climatiche. Brindisi notturno al rifugio. Notte tiepida, senza gelo, dormiamo nella vecchia camera del pastore ma con il termoletto al massimo perché gli spifferi sono troppi. Il primo giorno del 2019 inizia tra un cielo azzurrissimo e temperature primaverili, undici gradi. Atmosfera irreale, si può pranzare fuori. Ecco il Capodanno dell'effetto serra... Scendiamo nel pomeriggio con l'auto, come in una normale giornata estiva, la strada è perfettamente pulita. Nella prima settimana di gennaio continua il caldo irreale. La sinusite allergica mi disturba. Temperature sempre superiori a zero gradi, cieli limpidi, prati rinsecchiti.

Venerdí 11 gennaio 2019

Magnifica giornata di sole, la temperatura è tornata sottozero, ma la strada è sempre asciutta e priva di neve. Alle 13 la temperatura è -4 gradi, accendiamo la stufa, raccattiamo legna, prendiamo misure nel cantiere, una passeggiata verso Soubras tra i prati steppici e polverosi con il panorama surreale delle piste da sci innevate artificialmente a Sauze d'Oulx, nastri bianchi serpeggianti sulla montagna bruna. Scendiamo alle 18, nel buio della sera fredda, il termometro dell'auto segna -6. Attimi di freddo sempre meno frequenti...

Lunedí 14 gennaio 2019

La commissione paesaggistica del Comune si pronuncia: il progetto sí, può andare, però, però... c'è sempre un ma, qualche dettaglio che non convince, un elemento su cui si storce il naso, certo che i pannelli solari... anche se sono integrati nella copertura e non si vedono creano un precedente (eppure tutto il mondo dice che dobbiamo velocizzare l'installazione di energie rinnovabili!) e le pompe di calore, da queste parti non si sono mai usate... e se mai si vedesse una ventola? L'architetto Antonio De Rossi, un amico, grande esperto in recupero dell'edilizia montana, condanna i piani paesaggistici rigidi, votati solo a mantenere un pittoresco turistico ormai fasullo senza nulla concedere a recuperi innovativi e funzionali alla riabitazione permanente. Tranquilli: la ventola non si vedrà, la maschereremo con una barriera in legno. Anche perché il primo a cui non piace sono io. L'importante è definire uno stile, purché basato su canoni e materiali armoniosi. «Il peggio è l'anarchia: costruzioni di tutti i tipi e di tutti i colori, in cui ogni costruttore ha seguito il suo gusto e troppo spesso il suo cattivo gusto», scrive Olivier Paccaud nella *Guida del naturalista nelle Alpi* (1973).

Incubo nell'ufficio tecnico.

Quella notte ho avuto un incubo: dopo aver usato ogni cura nella progettazione, aver studiato e apprezzato la cultura e l'architettura alpina di tutti i tempi, aver letto i trattati di Antonio De Rossi (*La costruzione delle Alpi*), di Giovanni Simonis (*Costruire sulle Alpi*), Adolf Loos (*Parole nel vuoto*), Enrico Rizzi e Luigi Zanzi (*Le Alpi, architettura e civilizzazione*), partecipato a convegni sul paesaggio di cinque nazioni alpine, collaborato a creare una piccola parte di legislazione europea sul futuro della montagna in relazione al cambiamento del clima, dopo aver sempre condannato le brutture e gli abusi architettonici del passato (nel mio *Le mucche non mangiano cemento* del 2004 ci sono decine di foto di case ricoperte di piastrelle e lacrime di calce che colano in facciata), dopo aver sollecitato gli amministratori a valutare con attenzione l'estetica e la cura filologica nel recupero architettonico evitando nuovo consumo di suolo, aprendo tuttavia la strada alla sostenibilità ambientale ed energetica... ecco, dopo aver riversato nel tuo progetto tutti questi valori, innovazioni, cure, e molto amore, nell'intento di salvare un pezzo di storia e di cultura materiale che stava per andare in rovina, ti accingi fiero come uno studente ben preparato a presentare le carte all'amministrazione. Senti di meritarti un cenno positivo, un'approvazione, un incoraggiamento, un empatico sostegno, una calorosa stretta di mano... «Bravo Mercalli, bel progetto, continui cosí, siamo tutti con lei... Certo che se fossero tutte cosí le ristrutturazioni avremmo un'Italia piú bella, piú attraente anche per i turisti... Se ha bisogno di qualcosa chieda, siamo a sua disposizione». Poi come spesso accade nei sogni, la logica diviene aberrazione: i funzionari dell'edilizia cominciano a tiranneggiarti... «No, cosí non va, è tutto da rifare, questo non è consentito, questo ai sensi del regolamento municipale si potrebbe fare ma è in contrasto con la norma regionale, con quella nazionale e con quella europea, si potrebbe ottenere l'autorizzazione ma si perdono, se va bene, altri sei mesi, un anno. se va male, e non è detto che il permesso arrivi, meglio eliminare questa soluzione, ripresentare l'elaborato due, accompagnato dalla tavola tre bis, con marca da bollo da trenta euro, e qui c'è il vincolo sismico, dov'è la relazione dell'ingegnere? e qui c'è il vincolo idrogeologico, dov'è la relazione del geologo? e qui i parametri energetici non sono raggiunti...» «Ma è una cantina, – balbetto nel sonno, – è solo una cantina...» «Taccia, la legge è uguale per tutti i muri, chiaro? Ah, e qui, guarda guarda, non viene rispettata la luminosità del locale! Bisogna dare piú luce, piú aria!» «Ma – protesto – le finestre non si possono ingrandire, si snatura la facciata...» «Non divaghi, Mercalli, non divaghi, invece l'antibagno dov'è, dica dov'è? Tiri fuori quella planimetria, su, confessi l'abuso, il trucco, lo sappiamo, ci dev'essere un trucco, la cubatura, la sporgenza del tetto, il bagno disabili, la porta piú stretta di un centimetro, l'altezza non sufficiente, avanti parli, vuoti il sacco, dove sta barando, cosa vuole fare a quella povera casa, eh? Progetto da rifare, rifare tutto, ripassi tra sei mesi. Anzi, se non ripassa è meglio... lasci pure crollare queste dimenticate borgate, non svegli queste vetuste pietre che fino a ieri potevamo ignorare, cosí evitiamo tutti di crearci dei problemi, chiaro?» Incredulo emergo da quell'ufficio tecnico come da un tribunale dell'inquisizione. Povero illuso! Ma dove vivi? Il pubblico funzionario italico tanto oscuro e ignoto ai piú quanto tiranno esecutore del proprio potere cerca sempre di elevare ostacoli e comunque di farti sentire sul collo il fiato pesante dello Stato nella sua parte peggiore, ovvero come sostanzialmente nemico e ostile. Colpa delle leggi? Delle procedure? Sí, certo, sono complicate e contraddittorie, ma prima di tutto parliamo di persone, che chissà per quali motivi hanno un atteggiamento cosí respingente, cavillatore, distruttivo e demotivante anche verso i migliori entusiasmi delle persone perbene, animate dai migliori intenti, e pure buoni contribuenti di quelle tasse che servono a pagare i loro stessi stipendi. Non va, cosí non va. A tirar troppo la corda, questa si romperà. Nel caso migliore nessuno ristrutturerà piú le vecchie case, le lascerà crollare. Meglio un appartamento in un banale condominio, tirato su in poco tempo, su suolo vergine, con progetto approvato in prima istanza! Nessuna condizione, avanti con le ruspe e le betoniere, mattoni paramano e finestre in PVC, qui sí che c'è vera crescita economica!

Poi mi sono svegliato urlando e mi sono sentito sollevato perché era solo un sogno. La realtà talora è peggiore…

I 14 Ottomila della burocrazia, senza ossigeno.

Chi vuole ristrutturare una vecchia casa alpina deve prepararsi a scalare i 14 Ottomila della burocrazia. E gli Ottomila almeno se ci arrivi ti regalano emozioni uniche, la burocrazia invece prende solo e nulla dà. L'ho sentito raccontare in mille storie e in tutte le Alpi italiane. Il rascard valdostano che stava marcendo, amorevolmente smontato numerando ogni trave, su cui una soprintendenza si accanisce a spaccare il capello in quattro, rendendo al proprietario la vita ancor piú difficile e costosa di quanto l'encomiabile progetto già richiedesse, mentre il vicino semplicemente l'ha abbattuto dicendo che era pericolante e ci ha fatto un nuovo villino in cemento senza che gli venisse sollevata la minima questione! La pietra – sí proprio quella lí – che non si può spostare nemmeno di un centimetro perché altrimenti si altera lo schema filologico, la finestrina del cesso che non si può aprire perché… non si può e basta. Tutti contro tutti. Soprintendenze, Regioni, Comuni, studi professionali, proprietari di mucchi-di-pietre. Patologie da delirio di potere burocratico? Eccesso di prudenza per non assumersi responsabilità? O involontaria istigazione alla corruzione? Si sa, quando sei disperato magari è piú facile fare una propostina di snellimento procedurale in cambio di un piccolo riconoscimento per il disturbo… Proprio ispirato a una vicenda reale di un piccolo comune italiano delle Alpi orientali è il libro *Il Borgomastro e il Cancellario. Storie di burocrazia ostruttiva* (2018) di Jodoco dal Pian del Torchio, pseudonimo di Geremia Gios, professore all'Università di Trento e direttore del dipartimento di Economia e Management. Qui si parla di «devastante narcisismo della burocrazia» e non si può che dar ragione all'autore per aver individuato una delle principali cause del declino dei territori interni italiani, molto piú grave della mancanza di un nuovo traforo ferroviario transalpino.

Riporto la recensione da Alpinia.net: «Questo romanzo, che poi forse tanto romanzo non è, narra delle sventure di un povero sindaco e della sua giunta comunale, per cercare di mandare avanti la cosa pubblica; arcigno e inflessibile si erge sempre contrario e nefasto il Cancellario del Comune, colui che riesce a trasformare qualunque decisione comunale in una sequela di denunce e di irregolarità procedurali, impastoiando e bloccando ogni attività del municipio, dalla piú importante a quella piú insignificante…» Il combinato disposto delle già complicate regole amministrative con l'ottusità del nefasto Cancellario azzoppa ogni attività del povero sindaco di Valleripida, che il nostro buon Geremia illustra come grottesca personalizzazione della burocratite ostruttiva, e impedisce il regolare funzionamento della pubblica amministrazione a scapito di tutti i cittadini-sudditi. Ma dove vive questa casta? Sembra in ritardo di mezzo secolo sui tempi: negli anni Settanta invece di proteggere il patrimonio storico e culturale rilasciava permessi per colate di calcestruzzo e muraglie di condomini piastrellati, poi – quando il danno ormai era fatto – ecco i tempi del protezionismo a oltranza, dove la fissazione sul dettaglio cocciutamente perseguita conta piú della visione dell'insieme urbanistico. I canoni estetici della montanità vengono ridefiniti a tavolino secondo una rigidissima riproduzione di un passato che ormai sa di finto e, mentre il bisogno di sostenibilità irrompe sulla scena mondiale, si vorrebbero mettere i pannelli solari in cantina perché non si vedano, perdendo l'occasione di elaborare nuovi modelli estetici e funzionali. Basta: ora per guarire l'amarezza ci vuole una passeggiata tra i larici o una pagina di Giono.

Venerdí 1° e sabato 2 febbraio 2019

Finalmente nevica, una bella perturbazione da sud-ovest che carica anche l'Alta Valle di Susa dopo mesi di siccità. Non possiamo mancare lo spettacolo e, sia pure un po' tardi, decidiamo di salire a piedi, dormiremo nella vecchia camera: legna ce n'è... In bassa valle il paesaggio è bianco per i 10-20 centimetri caduti nella notte, ma ora la temperatura è attorno allo zero e le strade sono sgombre, bagnate, cadono fiocchi radi e umidi. Dopo Chiomonte il termometro si abbassa e la neve è fitta, la strada si fa bianca e scivolosa, mettiamo le catene all'auto. A Oulx ci saranno 40 centimetri, parcheggiamo al fondo di via Cotolivier, ora nevica fittissimo e continuo, ciaspole ai piedi, zaino in spalla e alle ore 15 si parte. Sulla strada per Vazon è passato un quad molte ore prima, le tracce sono già ricoperte, ma almeno invece dei 45 centimetri di fresca totale si affonda soltanto di una ventina di centimetri. Procediamo comunque lenti, poi tentiamo una scorciatoia fra i tornanti, sul sentierino ripido, battendo con fatica il percorso, venti centimetri di progressione a passo, il tempo fugge e il crepuscolo incombe. Però la bellezza del bosco innevato ripaga di ogni fatica. All'imbrunire siamo a Pierremenaud, piuttosto stanchi e fradici. Continua a nevicare senza tregua, ce n'è un buon mezzo metro. Incontriamo Claudio del rifugio che scende in quad, ritornerà piú tardi e magari ci darà uno strappo finale, noi continuiamo a salire lenti, nel bosco meraviglioso ma sempre piú cupo. Quando vediamo i fari del quad che ritorna è ormai buio pesto, saranno le 19, ma il passaggio che ci offrirà verso le case sia pure non lontane sarà molto gradito, vista la bufera incessante, la stanchezza, l'umidità. Un percorso che di solito si fa in due ore ne ha richieste quattro... Finalmente si apre casa, accendiamo rapidi la stufa ma poi ceneremo e dormiremo nel rifugio, piú comodo e leggermente piú caldo (sette gradi in camera invece dei due della casa...) Alle 21 la nevicata termina di colpo e tra le nubi appaiono le prime stelle, la misura del manto di fronte a casa è di 73 centimetri, in ventiquattro ore: è quasi un record per queste zone non molto nevose. Al mattino di sabato 2 febbraio il sereno resiste brevemente e un raggio di sole permette di fare foto suggestive nella solitudine della borgata. La neve si è già compattata nella notte, ora è spessa 62 centimetri. Altre nubi avanzano da sud e alle 9 è nuovamente tutto grigio. Non apriamo nemmeno casa e scendiamo verso le 11, sulla pista ora ben battuta dai passaggi del quad. Scattiamo decine di foto agli abeti che hanno sembianze di monaci candidi, anche se per via del cielo nuvoloso sembrano immagini in bianco e nero. Alle 13 siamo all'auto, coperta di una trentina di centimetri di neve. Una salita faticosa, fredda e umida, ma non si poteva perdere una tale nevicata, che resterà in questo inverno avarissimo di fiocchi come un sogno, una breve parentesi bianca in un paesaggio di prati giallastri rinsecchiti. Dopo la neve, ci saranno infatti altri due mesi di sole stabile e ostinato, siccità, incendi boschivi in bassa valle. Se n'è andata via quasi tutta proprio come un'allucinazione, bello averla vissuta per una manciata d'ore il 2 febbraio!

Martedí 5 febbraio 2019

A Genova, per un ciclo di lezioni sul clima. Sarà l'hotel sul mare, la salsedine, lo iodio… dopo quasi sei mesi di molesta compagnia, l'allergia al naso come era venuta se ne va. Non è che hai sbagliato tutto a prendere una casa in montagna?

Sabato 2 marzo 2019

Riunione di alcuni fruitori della strada del Cotolivier per esaminare la possibile apertura invernale e la costituzione di un'associazione di versante: per ora non tutti sono d'accordo, emergono disparità di vedute sul modo di vivere la montagna, vedremo cosa maturerà.

Marzo 2019

Siamo ormai a metà marzo, i mesi invernali sono passati in fretta e ancora la burocrazia chiede il suo tributo al progetto di ristrutturazione: rifacimento di alcuni dettagli, relazione geologica per fossa biologica, relazione per il tetto fotovoltaico, relazione per linea di sicurezza del tetto, relazione per l'isolamento termico, relazione per l'isolamento acustico… non si finisce piú! Eravamo pronti a queste fatiche, ma ciò non toglie che siano profondamente inefficienti e inutilmente vessatorie. La forma ormai soverchia la sostanza.

Ecco il progetto.

All'esterno poche modifiche, praticamente solo il ripristino dei balconi, ormai ridotti a fatiscenti ammassi di legno marcio, la sostituzione delle finestre e il rifacimento del tetto, da coprire in scandole. I muri rimarranno come sono, di pietra e intonaco a calce giallastra. Tutto si gioca all'interno. Al piano terra la vasta stalla di oltre 60 metri quadri con pilastro centrale vorremmo che diventasse una sala conviviale, per incontri, cultura, arte, scienza, istruzione. Una rivisitazione dell'ambiente che ospitava le antiche veglie invernali. Bisogna fare il risanamento del pavimento in terra battuta, la ripulitura e imbiancatura delle volte a crociera sulle cui cordonature mi piacerebbe scrivere motti letterari. Il primo sarà: «Meglio avere alle spalle montagne e ghiacciai che uomini cattivi» dal *Guglielmo Tell* di Schiller (1804). Lí troveranno posto come oggetti museali la grande madia di legno, la mola per affilare le lame e la stufa di ghisa simbolo delle veglie invernali. Il corridoio che collega l'accesso in facciata con il portone sul vicolo, passando sotto l'arco e creando all'interno della casa l'effetto presepe, verrà lastricato in pietra e illuminato con luci radenti per esaltare la muratura di pietrame. Qui realizzeremo una toilette, e gli ingressi degli altri tre locali del pian terreno: la cantina che ospita il serbatoio per l'acqua calda dai pannelli solari e altri impianti idraulici, la cantina piú bassa e stretta destinata a dispensa e la vecchia cucina. Il corridoio termina su una rampa ricurva che corre sopra le cantine. È un ampio spazio un po' buio dove allestiremo un altro angolo museale con la vecchia slitta blu, l'arca ricavata da un sol tronco per la conservazione delle patate, gli attrezzi agricoli appesi ai muri. Due sono le stanze antiche del primo piano, che verranno rinnovate, rivestite di legno e dotate di bagno privato, adatte per ospiti che esigono giustamente standard di qualità sudtirolesi. Le altre tre, che abbiamo demolito essendo frutto di interventi mediocri degli anni Sessanta, hanno permesso di creare una piú ampia superficie, proprio sopra la stalla, che diventerà il nostro appartamento, il guscio-di-legno. Al secondo piano, a cui si accederà attraverso scale e soppalchi lignei, ci sarà ancora posto per una mansarda, una stanza con bagno e un vano tecnico/ripostiglio. Questa baita è un edificio articolato, dal grande volume, che avremmo anche potuto trasformare in un'unica vasta dimora signorile. Invece di un alloggio da 60 metri quadri – praticamente un monolocale con bagno e angolo cottura – e altre stanze indipendenti per ospiti: avremmo avuto un gran salone da pranzo, la cucina, la stalla trasformata in tavernetta, le camere da letto, lo studio, vari bagni, la sauna, la palestra. E poi? Avremmo vissuto forse in piani separati parlandoci con un interfono? Inoltre un'unica grande casa avrebbe significato costi di riscaldamento elevati e una distribuzione degli spazi poco razionale. Quindi il progetto con piú locali, piú piccoli ma indipendenti, ci è sembrato in grado di permettere una fruibilità modulare e non solo per noi: amici, parenti o affitto turistico b&b (bed and books). Funzionalità, sobrietà e comfort possono andare d'accordo. Niente sauna, niente «Spa» e lussi inutili, per rispetto della storia di ristrettezze che trasuda da queste pietre. Ma per ora tutto questo è solo sulla carta, anzi sul computer.

Domenica 17 marzo 2019

Ormai sulla strada restano poche placche di ghiaccio e si arriva in auto fino all'area picnic sopra Pierremenaud. A mezzogiorno siamo in casa, accendiamo la stufa, due gradi la temperatura minima raggiunta all'interno della vecchia cucina. Borgata silenziosa, in abito primaverile, senza neve, prati gialli. Sono passati esattamente due anni da quando abbiamo visto la casa per la prima volta. Ora possiamo aprirne la porta con la nostra chiave, ma non ancora viverla come si vorrebbe. Ci vogliono ancora grandi dosi di pazienza e perseveranza. «Prima del gesto viene il pensiero. Prima del risultato viene il sogno. Ogni montagna che scaliamo, la scaliamo prima nella nostra mente», detto da Royal Robbins (1935-2017), pioniere dell'arrampicata americana.

Sabato 23 marzo 2019

Nella Giornata mondiale della Meteorologia la strada si è ulteriormente liberata dal ghiaccio, restano poche placche in ombra, arriviamo alle 13 in auto davanti a casa! L'inverno mite sta finendo rapidamente sotto l'anticiclone, cieli ostinatamente soleggiati e asciutti. Scendiamo nel pomeriggio al Consorzio forestale Alta Valle di Susa per la nuova riunione dei frazionisti per definire la futura gestione della strada. Il Consorzio è una benemerita istituzione nata nel 1953 per manutenere le grandi proprietà comunali di territorio forestale ereditate dagli antichi Escartons. Gestisce i boschi, la viabilità minore, la manutenzione del territorio per conto di 14 Comuni, un po' sulla falsariga delle Comunità dolomitiche, un caso raro qui nelle Alpi piemontesi. Certo che se avesse piú risorse farebbe di piú e meglio. Per ora ci ospita, ma nemmeno ci si conosce ancora tutti che già i partecipanti di una borgata appaiono spinosi da approcciare e sollevano questioni conflittuali e campanilistiche contro quelli delle altre… soprattutto contro quelli che arrivano da Torino… Ancora una volta questioni personalistiche irrilevanti assorbono piú energia dei veri obiettivi concreti. Ne usciamo con un nulla di fatto e un forte senso di frustrazione: c'è ancora molto da imparare per creare una virtuosa cooperazione territoriale.

Lunedí 25 marzo 2019

Finalmente presentato il progetto definitivo di ristrutturazione in Comune, numero 0002995, corredato da ben 47 allegati tecnici! C'è voluto un intero inverno di assiduo lavoro, centinaia di moduli da compilare, digitali e cartacei, incongruenze e cavilli legislativi da superare, soluzioni tecniche tanto obbligatorie quanto prive di buon senso da applicare supinamente, denaro, marche da bollo, email, telefonate e incontri per un team di 2 architetti, 4 ingegneri, 1 geologo, 1 geometra. La sola relazione antisismica e strutturale occupa 79 pagine! Non era che un vecchio mucchio di pietre costruito tre secoli fa da un capomastro locale, ora ha richiesto un impegno pari alla progettazione di un traforo ferroviario! Capisco quelli che danno un colpo di benna alla colonna centrale e dicono che purtroppo la struttura è collassata, già… l'edificio era vetusto, le lesioni erano irrecuperabili, il terreno cedeva, ma niente paura, ricostruiranno tutto nuovo in cemento armato, con un bel rivestimento in pietra fasulla all'esterno e molta piú cubatura all'interno recuperata dallo spessore dei muri!

Mercoledí 27 marzo 2019

Gran sole ma fa freddino, quattro gradi alle 13. Rapida scappata, breve fuoco, pranzo, borgata silenziosa, facciamo un giro nei prati rinsecchiti e rientriamo alle 18.

Mercoledí 3 aprile 2019

Saliamo in auto, mattinata di nebbia fitta e freddo, sopralluogo con i tecnici dell'acquedotto per la nuova tubazione. Cade qualche fiocco di neve, alle 13 scendiamo. Nevicherà nel pomeriggio e nella notte, circa una ventina di centimetri. L'inverno alpino è bizzarro, prima latita e poi torna quando piú in basso già spuntano le foglie…

Giovedí 11 aprile 2019

Piove. Passano i giorni tra viaggi di lavoro – Bellinzona, Varese, Milano, Friuli, Rimini – nell'attesa che la burocrazia comunale, tra esame dei progetti e pagamento balzelli, rilasci il permesso di costruire, che finalmente è arrivato oggi, numero 001/2019! È stato un lungo cammino, durato oltre un anno, solo pochi possono resistere. La ristrutturazione dell'antico è un'impresa per amatori convinti, appassionati e soprattutto molto, molto pazienti. Altrimenti meglio acquistare bell'e pronto l'alloggetto dall'impresario che – chissà come – ha fatto tutti i lavori con metà pratiche, metà tempo e doppio guadagno!

Lunedí 15 aprile 2019

Riapre la strada, riapriamo il cantiere. Trasporto piastrelle, sanitari e camino che attendevano da mesi in magazzino a valle.

Posa tiranti in ferro per consolidare la muratura. Tutti dettagli che non si vedranno ma che saranno fondamentali per la stabilità futura dell'edificio, anche in vista di eventi sismici, che in questa zona delle Alpi non sono improbabili.

Mercoledí 17 aprile 2019

Demolizione dell'ingresso cantina per predisporre il vano tecnico: qui ci starà il serbatoio per l'acqua calda dai pannelli solari, la distribuzione idraulica agli appartamenti e un piccolo angolo officina.

Lunedí 22 aprile 2019

Pasquetta, cielo nuvoloso, pranzo in cucina con amici di valle e dal Canton Ticino. Rientriamo a sera tra prime gocce di pioggia. È passato un anno dall'acquisto.

Martedí 23 aprile 2019

Classico caso di ombra pluviometrica delle Alpi interne: una vigorosa perturbazione da sud-est investe la bassa valle con pioggia dirotta tutto il giorno, 60 millimetri, ma arriva ormai indebolita al Rifugio Rey dove cade solo 1 millimetro!

Maggio 2019

Il Primo maggio, con mio padre Mario, che in queste contrade ha fatto l'alpino sciatore, pranziamo e poi inauguriamo un piccolo orto di fianco alla casa, con trapianto di cipolle e semina di piselli. Seguono giorni freddi, neve, vento, una primavera invernale come spesso capita. Il cantiere riprende lentamente l'attività. Si approfondiscono i pavimenti delle cantine, scavando nella roccia – il grigio e tenero calcescisto – che si sfalda sotto la benna del miniescavatore.

Geologia in cantina.

Per la maggior parte delle persone il suolo e la roccia sottostante non sono altro che il mero supporto alla propria costruzione. A me piace anche dare un'occhiata alla carta geologica e geomorfologica per capire su che parte del pianeta Terra sono capitato. In cantina vedo le fondazioni poggiare sui calcescisti, rocce metamorfiche di basso grado, cioè sottoposte a basse temperature durante la loro genesi, formate da calcite e miche, denominate cosí dal geologo e chimico parigino Alexandre Brongniart nel 1813. Hanno una tessitura molto scistosa, anzi filladica, dal greco *fyllon*, «foglia», cioè sono strutturati in innumerevoli foglietti paralleli e sottili che si sfaldano con l'unghia e generano continui sfasciumi, sia alla base delle pareti rocciose, sia sul nostro pavimento, e siccome luccicano in Francia sono detti *schistes lustrés*, cioè «scisti lucenti». Hanno un colore grigio scuro, mostrano tante deformazioni, piccole pieghe e discontinuità. Ogni tanto sono percorsi da vene bianche di quarzite, talora in forma tondeggiante, a *boudin* cioè a salsiccia, termine introdotto dal geologo belga Maximin Marie Joseph Lohest nel 1909. Questa roccia, non certo di buona qualità, era l'antico fondo marino dell'Oceano Ligure-Piemontese, formato da sedimenti calcarei impuri, calcari argillosi, argille calcaree depositatisi in un mare profondo e poi pinzati, insieme alla sottostante crosta oceanica, nella subduzione dell'oceano al di sotto della placca africana da dove sono stati sottoposti a metamorfismo e sono poi riemersi sotto forma di falde di ricoprimento dell'edificio alpino. In sostanza, immaginando le Alpi come un tramezzino geologico nel quale la placca europea è la fetta di pane in basso e la placca africana è la fetta di pane in alto, i calcescisti oceanici corrispondono alla farcitura interna, messa in luce dall'erosione della fetta di pane superiore. Un «ripieno» che risale al Mesozoico e in particolare al Giurassico inferiore, che nelle Alpi Occidentali varia tra i 60 e i 35 milioni di anni fa. Nella cantina dove abbiamo organizzato la nostra dispensa, la parete di fondo mette in luce l'estremità di un grosso masso compatto grigio chiaro che poi si immerge in profondità sotto la casa e appare appoggiato sopra i calcescisti e circondato da una ghiaia cementata in una matrice di limo e sabbia: è un masso erratico di calcare dolomitico dello Chaberton deposto insieme ad altri detriti morenici piú fini chiamati «till», dal termine scozzese che indica i materiali abbandonati dal grande ghiacciaio che ventimila anni fa ricopriva anche questo versante della valle, arrivando fino alle porte di Torino. Il till è ciò che ora rende possibile l'agricoltura su questo versante, uno strato da pochi centimetri a qualche metro di spessore che ha permesso nel corso degli ultimi dodicimila anni (l'Olocene) la formazione di un suolo sciolto e non troppo pietroso. Senza questo deposito morenico avremmo avuto solo le nude distese dei calcescisti sottostanti sui quali il processo di «pedogenesi» sarebbe stato piú lento. La casa però non è fatta di calcescisti: troppo friabili, impossibili da lavorare, facilmente alterabili alle intemperie, detti infatti dai miei muratori «roccia marcia». È invece costruita con calcare dolomitico o dolomia, una roccia sedimentaria costituita da carbonato doppio di calcio e magnesio, che probabilmente solo in parte è stato reperito in loco, sparso tra i detriti morenici superficiali, e in parte arriva da qualche cava non lontana (forse dai pressi della Croce di San Giuseppe?) ed è stato faticosamente trasportato fin qui su slitte e carri trainati da animali. La dolomia è molto piú compatta e lavorabile dei calcescisti ed è la protagonista dello Chaberton, dove appare in potenti bancate sovrapposte dello spessore che va da pochi centimetri ad alcuni metri. Contengono resti di Gasteropodi, Lamellibranchi, Foraminiferi e Alghe Dasycladacee, testimoni della loro antica deposizione in lagune e paludi costiere salmastre o zone di mare poco profondo nel periodo Norico (Triassico superiore), circa 210 milioni di anni fa. In uno spessore di tre centimetri sono contenuti circa mille anni di sedimentazione! Viviamo dunque in una casa di montagna costruita con roccia sedimentaria composta da conchiglie di mare, rimasta piú o meno come si è formata, cioè che non è stata sottoposta a processi di intenso metamorfismo durante le sue complesse vicende di sollevamento e traslazione. Nelle Alpi piemontesi la copertura dei tetti delle baite è in genere costituita da «lose», dal provenzale *lauza*, «lastra, pietra piatta», ricavate da rocce scistose, cioè composte di strati paralleli facilmente separabili. Le piú belle si ottengono dagli gneiss, e sono note come «pietre di Luserna», di cui si trovano grandi cave tra Pinerolese e Saluzzese. In Alta Valle di Susa e nel Brianzonese le cave di lose sono rare e di qualità modesta perché non c'è lo gneiss, quindi era piú diffusa la copertura dei tetti in scandole di larice, che anche grazie al clima asciutto avevano una durata dell'ordine di alcuni decenni. Al Vazon si usavano prevalentemente le scandole, ma alcuni vecchi tetti sono ricoperti ancora di lose di bellissima quarzite verdolina, sicuramente estratta nel fondovalle di Oulx, alla base del Seguret, e poi faticosamente trasportata a monte. Oggi le lose arrivano in pallet plastificati direttamente dalla Cina. Mi domando osservando questo paesaggio alpino come doveva presentarsi ventimila anni fa, al culmine dell'ultima glaciazione. Qui il ghiaccio doveva esser spesso quasi un chilometro, e lasciava scoperte come tante isolette – i nunatak – le vette piú alte. La lenta corrente glaciale era lunga oltre cento chilometri e sboccava a due passi da Torino, a Pianezza, Alpignano, Rivoli, dove ancora troviamo i grandi massi erratici abbandonati al suo ritiro. Anche qui a Vazon ce n'è uno, appena sotto il parcheggio di fianco alla strada: si chiama la «Pera d'Cescu», cioè la pietra di Francesco, dal nome di un guardaparco. È un bel blocco di qualche metro, spezzato in due parti da una mina, forse per un tentativo non riuscito di farne materiale da costruzione. Si capisce che è stato portato lí come da un lento nastro trasportatore dall'antico ghiacciaio perché è di roccia completamente differente da quella locale: è di gabbro, di quelle lave basaltiche verdognole che arrivano dal Colletto Verde sopra Claviere, dove affiora un frammento di un antico vulcano sottomarino di 155 milioni di anni fa sollevato a 2500 metri durante l'orogenesi alpina. Il masso precipitato sul groppone del ghiacciaio lassú è stato poi abbandonato qui dove è rimasto da poco piú di diecimila anni, accanto agli attuali campi di patate.

Lunedí 6 maggio 2019

In treno, attorno a Pavia. Giornata verde brillante, neve sulle Alpi, cielo azzurro, a specchio sulle risaie. Giovani sul treno: telefonino, chat, giochi, musica, moda, trucco, piercing. Interessa ancora la bellezza e la contemplazione della natura? Fa ancora parte del corredo cognitivo di una persona del XXI secolo? Eppure l'Uomo è forse l'unico occhio contemplativo dell'intera natura terrestre e dell'intero universo. È curioso osservare come la maggioranza dei rappresentanti della sua specie siano ora ridotti a guardare un mondo artificiale e urbanizzato, trascurando e sottovalutando il resto, proprio ora che lo possiamo comprendere meglio grazie al progresso scientifico. Guardo le mail sul telefonino, da Parigi arriva il comunicato stampa dell'IPBES, l'Intergovernmental Science-Policy Platform on Biodiversity and Ecosystem Services, organo delle Nazioni Unite per la biodiversità e i servizi ecosistemici. Ha un titolo agghiacciante: *Pericoloso declino della Natura senza precedenti nella storia dell'Umanità; tasso di estinzione delle specie in accelerazione*. Sgrano gli occhi sul video mentre il treno rumoroso attraversa i campi padani: «Un milione di specie minacciate di estinzione. La risposta globale è insufficiente, occorrono cambiamenti strutturali per recuperare e proteggere la natura; l'opposizione da parte degli interessi consolidati può essere superata a favore del bene comune». La ragazza di fianco a me continua a occuparsi del suo profilo Instagram. Vorrei poterle comunicare l'importanza epocale di quelle informazioni per il suo avvenire, ha in mano un mezzo potente, ma come si fa a far emergere ciò che veramente conta dal chiasso delle notizie irrilevanti?

Sabato 11 maggio 2019

Saliamo a dare un'occhiata ai lavori, cielo tempestoso, vento, e alle 18 addirittura una breve tormenta di neve nel paesaggio di larici che inizia appena a verdeggiare. Le due cantine sono state approfondite, ora ci si cammina dentro senza battere la testa. Osservo i grigi calcescisti friabili tagliati dai grossi denti dell'escavatore, confrontandoli con i piccoli colpi di scalpello che i costruttori della casa avevano dato secoli fa quel tanto che bastava per poter entrare curvi. Ringraziamo san Gasolio, anche se sappiamo che pagheremo un prezzo climatico per il suo servizio. Vorrei prima possibile iniziare a venerare san Silicio, usando energia prodotta sul mio tetto.

Giovedí 16 maggio 2019

Si posa l'isolamento termico di lana minerale su pareti e pavimento dell'appartamento al primo piano. L'ambiente cambia colore, non piú grigio e polveroso di pietra e cemento, ma un caldo giallo che fa capire come finalmente ci si stia avvicinando all'obiettivo di abitare il guscio-di-legno.

L'isolamento termico, la base di una casa sostenibile.

C'è ancora chi pensa che le vecchie case con i muri di pietra spessi ottanta centimetri siano ben isolate. In realtà se ci entri dentro d'inverno sono gelide e non si scaldano mai. La possente muratura in pietra svolge infatti soltanto la funzione di massa termica: ingoia enormi quantità di energia finché è fredda e poi finalmente quando si è scaldata mantiene il tepore, agendo da regolatore degli sbalzi, ma lascia anche sfuggire moltissimo calore verso l'esterno. E questo perché la pietra, materiale compatto che pesa 2600 chilogrammi al metro cubo, è tutto sommato un buon conduttore di calore, quindi un colabrodo energetico. La scienza dei materiali ci dice che la sua trasmittanza termica per uno spessore di un metro è di un po' piú di 2 W/m^2K. Due watt su metro quadro per Kelvin. Tradotto: per ogni metro quadro di parete spessa un metro e per ogni differenza di un Kelvin – che è analogo al grado Celsius – tra la temperatura esterna e interna, se ne vanno al vento 2 watt del tuo riscaldamento. Se fuori ci sono zero gradi e dentro venti, fanno 40 watt al metro quadro. La superficie dell'involucro del nostro appartamento, che potete immaginare come una scatola con base di 60 metri quadri e altezza di meno di 3 metri, fa circa 200 metri quadri. Moltiplicatelo per 40 e in una normalissima sera invernale ben 8000 watt usciranno continuamente verso l'esterno da quei muri, spessi, pesanti ma quasi trasparenti al calore, obbligandovi a tenere accesa una stufa da 8 kW a piena potenza per mantenere il vostro tepore interno. E appena spento il focolare, la temperatura andrà a picco. Il miglior isolante è l'aria ferma. Quindi bisognerà applicare al muro un cappotto di materiali leggeri e porosi. Noi per motivi di lavorabilità e resistenza all'umidità abbiamo scelto la lana di vetro, che è un materiale minerale stabile e imputrescibile ottenuto tra l'altro da vetro riciclato. La sua trasmittanza per un metro di spessore è di 0,03 W/m^2K, quasi settanta volte meno della pietra. In pratica un centimetro e mezzo di lana di vetro isola come un metro di pietra. Per non perdere troppo spazio all'interno abbiamo stabilito di utilizzare uno spessore di 14 centimetri di lana di vetro che porta la parete ad avere una trasmittanza di circa 0,2 W/m^2K. Insomma, questo cappottino aggiunto alla pietra esistente comporta dieci volte meno dispersione termica rispetto al muro originale. Con meno di 1000 W (1 kW) teniamo a venti gradi l'alloggio mentre fuori siamo a zero. Comfort assicurato e consumi di combustibile e inquinamento ridotti del 90 per cento! Solo grazie a un materassino di 14 centimetri di lana di vetro. Però non è tutto cosí facile. Tra l'isolante e il muro avviene un repentino abbassamento di temperatura e se l'umidità dell'aria del locale interno, generata dalla cucina, dal bagno e dalle persone, raggiunge quella zona, si produce inevitabilmente una condensazione. È la fisica, non puoi farci niente, e cosí sotto la tua boiserie si formeranno muffe terribili che potrebbero anche intaccare il legno. Un disastro assolutamente da evitare. Per questo bisogna stendere la barriera al vapore, un telo di materiale sintetico che impedisca al vapore di filtrare verso il muro di pietra che rimane freddo. Facile a dirsi, meno a farsi, perché questa barriera deve essere stagna. Ogni buchino, magari per via di una vite, un chiodo, un taglio, una sovrapposizione non ben incollata, sarà una via invisibile a noi ma non al vapore e dunque una pericolosa condensa in agguato. Tutto questo sarebbe stato evitato dal cappotto esterno, che permette di rivestire tutta la muratura esistente senza lasciare ponti termici, ma in questo caso non si può fare per via dell'estetica dei muri originali da mantenere cosí come sono. E poi ci sono le finestre, che devono essere altrettanto stagne e isolanti. Tutto ciò ha bisogno di un ottimo progettista, che per noi è stato il giovane ingegnere Stefano Perassi, e di un'ottima installazione, il lavoro dell'impresa Gianni Giai di Coazze, il villaggio alpino a una settantina di chilometri da qui dove soggiornò Pirandello. Mesi di lavoro per una scrupolosa preparazione in vista della certificazione energetica Casa Clima. La riqualificazione energetica dei vecchi edifici è uno degli obiettivi individuali e collettivi di maggior saggezza per i nostri tempi: in montagna, sia le case storiche, sia quelle turistiche degli anni Settanta hanno pessime prestazioni energetiche, il che ne limita fortemente l'uso invernale. Molti proprietari di alloggi acquistati durante il boom dello sci, oggi sono gravati da spese di gestione troppo elevate: condomini colabrodo divorano quantità industriali di gasolio o metano con bollette stratosferiche. Meglio lasciarli chiusi tutto l'anno e frequentarli giusto una settimana a Ferragosto. La loro riqualificazione permetterebbe un nuovo uso a costi ragionevoli ovviamente associato al vantaggio ambientale delle minori emissioni inquinanti. In Italia questo processo è incentivato dal generoso Ecobonus fiscale, ma serve uno sforzo culturale verso i proprietari che ne sanno ancora poco e una maggior qualità progettuale da parte dei professionisti. Prepararsi a un futuro problematico dal punto di vista energetico e ambientale non è uno scherzo, è uno dei piú importanti progetti di vita individuale e di resilienza collettiva: ricordiamo che non c'è solo il riscaldamento globale che consiglia l'uscita dalle energie fossili, ma pure il loro declino. Il petrolio a basso prezzo, geologicamente facile da estrarre, è agli sgoccioli. Ne resta invece molto di quello piú difficile, ma semplicemente costerà di piú e quando ci sarà solo quello il mondo abituato a sprecare e ad accelerare a manetta finirà presto. Essere pronti a una transizione energetica basata sulle fonti rinnovabili autoprodotte e sui bassi consumi è dunque prioritario per piú di un motivo. La baita di Vazon è già diventata un punto d'incontro e di formazione in questo senso, perché vedere le cose dal vivo è sempre piú convincente che raccontarle in teoria.

Lunedí 27 maggio 2019

Parto all'alba da Oulx con il TGV verso Parigi, per prendere parte all'International Weather Forum. Come è malridotta questa gloriosa stazione ottocentesca sulla linea internazionale Torino-Modane. Trascurata, sciatta, l'Italia ci fa una brutta figura, proprio qui, in una storica zona turistica! Potrebbe essere un gioiellino, linda e ordinata come quelle elvetiche. Speriamo nella ristrutturazione, i lavori sono in corso. Trovo comunque sempre emozionante partire dal cuore delle Alpi e in cinque ore scendere alla Gare de Lyon. Tutto questo esiste già, attraverso il Tunnel del Frejus che a dispetto dei suoi centocinquant'anni funziona benissimo, senza necessità di costruire un nuovo sproporzionato supertunnel di 57 chilometri di lunghezza.

Venerdí 7 giugno 2019

Finalmente ritorno a visitare il cantiere, dopo oltre dieci giorni di assenza per conferenze in tutta l'Italia del Nord, dalle Cinque Terre a Bassano del Grappa. Giornata nebbiosa e fresca, temperatura 10 gradi, le pareti isolate sono quasi tutte chiuse nei pannelli di legno truciolato e barriera al vapore, con predisposizione per le canalizzazioni elettriche. Grandi lastre di pietra a pavimento sono state posate sotto il camino, già installato, e la stufa. C'è aria di appartamento abitabile. Nel pomeriggio, sorpresa: Gianni annuncia che si può già accendere il caminetto – di quelli ad alta efficienza chiusi da un vetro – per provarlo! Primo fuoco, la postcombustione dei fumi che ottimizza il rendimento energetico e riduce le emissioni di polveri sembra efficace. Nulla a che vedere con i vecchi camini aperti, fumosi e inefficienti. Intanto nella cantina adibita a locale tecnico c'è ora il battuto di cemento a pavimento. Fuori, in punta alla borgata, entra in azione il cantiere per il rinnovo di acquedotto e fognatura che ci accompagnerà tutta l'estate. I prati sono pieni di narcisi.

I Satyrions e l'olio di marmotta.

Inutile aggiungere parole nuove a quelle che già piú di un secolo fa uscirono dalla penna del Des Ambrois per descrivere la flora di queste montagne: «È ricca di piante aromatiche e di bei fiori. Spiccano il genepy, la veronica, l'angelica selvatica, i cespi di profumatissima lavanda, le magnifiche viole di montagna a grandi fiori, di un profumo molto forte, i satyrions di diverse specie, dall'odore di vaniglia, i gigli martagone, i tulipani, gli anemoni, i ranuncoli, la genziana blu, i garofani, di un bel rosso di china, e una folla di altre piante che imperlano come di smalto i valloni». I satyrions sono le orchidee, qui presenti in alcune specie tipiche delle praterie secche su calcare, come *Aceras anthropophorum*, *Ophrys fuciflora*, *Ophrys insectifera* e *Orchis pallens*, cosí straordinarie al punto che sul versante di Vazon è stata costituita l'Oasi xerotermica di Oulx-Amazas, un luogo protetto anche per le farfalle, gli uccelli e i rettili. Piú burocraticamente si tratta di un SIC, Sito di interesse comunitario della rete europea Natura 2000, frutto della «Direttiva Habitat» del 1992. Cedo nuovamente la penna al Des Ambrois: «L'abbondanza di fiori profumati spiega la bontà squisita del miele al gusto di vaniglia e di violetta che si produce a Champlas sul colle di Sestriere, a Desertes e a Rochemolles. Nel territorio di Mélézet, dai pascoli dei versanti meridionali, altamente popolati di piante aromatiche, si ottiene un'alimentazione per i bovini tale che si ricava un burro unico per la delicatezza della pasta e la finezza del gusto». E ancora il Des Ambrois si sofferma su un particolare arbusto, a metà tra un prugno e un albicocco, tipico di questa regione alpina: «I botanici hanno segnalato nei dintorni di Oulx l'esistenza di una specie di pruno selvatico che si trova nel Queyras e che, essendo considerato endemico di qualche valle dell'antico Brianzonese, ha da esso ricevuto il nome di *Prunus brigantica*. Questo alberello nel dialetto locale è chiamato *marmotier*, e il suo frutto è noto come marmotta. Si tratta di un frutto giallo, a buccia liscia, con l'aspetto e la dimensione di una piccola albicocca. Si riunisce a grappoli talmente numerosi che i rami sovraccarichi si piegano e si curvano. Quando arrivano a maturazione, prendono una bella sfumatura rossa dal lato soleggiato che dona all'albero un aspetto superbo. Tuttavia non c'è bambino che li tocchi perché non sono molto gustosi. Si utilizza la mandorla contenuta nel nocciolo, dalla quale si estrae un olio di un color giallo paglierino, estremamente chiaro e limpido, con l'aroma di mandorle amare. Coloro che gradiscono questo gusto lo utilizzano come condimento. Come farmaco ha azione deprimente. Bruciato, produce una luce brillante». Abbiamo potuto assaggiare le marmotte acidule che maturano a fine estate sui sentieri assolati vicino a casa, dove ci sono ancora un po' di questi alberelli, ma appaiono sofferti, malandati, forse a rischio di perdersi. Cercheremo di seminarne e accudirne qualcuno.

Lunedí 10 giugno 2019

Seguo l'installazione dei serramenti, finestre robuste in larice austriaco, con vetri tripli, senza spifferi, prodotti dalla AlpiFenster in Alto Adige, certificati per case ad elevata efficienza energetica. È una tappa importante, ora i muri sono chiusi, il vento non sibila piú tra le finestre vuote, la casa è diventata una vera casa, e il panorama si vede dai vetri: immagino le bufere invernali vissute al calduccio…

Mercoledí 12 giugno 2019

Cantiere in grande attività, falegnami, muratori, elettricisti… Il bagno è piastrellato, le pareti sono tutte impacchettate nel loro isolamento e coperte da lastre di legno a scaglie tipo OSB. Anche la strada della borgata è un cantiere, sventrata per i lavori di acquedotto e fognatura. Attorno c'è una gran luce estiva, il verde smeraldo dei prati ancora inumiditi dalle piogge primaverili, l'azzurro del cielo alpino, il bianco della neve che sta fondendo nei canaloni del Fraiteve e dello Chaberton.

Le contraddizioni dell'OSB.

Per chiudere l'isolamento termico e la delicata barriera al vapore dentro un wafer stabile e regolare sul quale poi applicare il legno antico della boiserie si è posto il problema di quale materiale scegliere. Abbiamo optato per i pannelli a scaglie di legno orientate, detti comunemente OSB, ossia *oriented strand board*. Apriti cielo: i puristi della casa ecologica mi sono saltati addosso. Certo, non hanno tutti i torti: le scaglie di legno sono incollate con resine a me ignote, spero non contengano troppa formaldeide, rischiano di liberare esalazioni tossiche in casa, sono difficilmente riciclabili. Ma l'alternativa qual era? Scartando ogni altro legno composito contenente comunque delle colle, avrei dovuto acquistare un perlinato massiccio di media qualità per far da supporto al rivestimento pregiato. I costi erano piú elevati, soprattutto per la posa: vuoi mettere applicare grandi fogli di alcuni metri quadri di superficie in un colpo solo, facili da rifilare alle misure volute, rispetto ad assicelle da tagliare a misura e fissare a una a una? Ci sarebbero voluti giorni di lavoro in piú e con un risultato meno omogeneo. Da un punto di vista ambientale, è vero che ci sono le colle, ma almeno si utilizzano scaglie di legno di recupero e non prezioso legno massiccio. Esiste anche una Dichiarazione ambientale di prodotto che distingue i pannelli OSB da uso esterno da quelli per interni che dovrebbero avere ridottissime emissioni di composti volatili. Ci ho capito poco nelle varie sigle stampigliate sopra, e alla fine può darsi che sia stato un errore mettersi in casa questa roba. Ed è pur vero che in una futura demolizione questo materiale un po' artificiale comporterà problemi di smaltimento maggiori rispetto al legno, ma spero che il lavoro che abbiamo fatto duri qualche secolo senza necessità di smontaggio e ristrutturazione, un po' come le stube tirolesi che hanno cinquecento anni e sono ancora lí, perfette, anzi gelosamente custodite e trasmesse ai posteri. Non sto cercando giustificazioni, ma faccio un bilancio costi-benefici. Prendo questo come esempio per il mondo reale della ristrutturazione: i principî di base sono bellissimi, ma poi tocca fare dei compromessi pratici. Con l'OSB mi è toccato farne uno. Non ne sono contento, ma tant'è.

Sabato 15 giugno 2019

Cena a San Sicario da Barba Gust, l'agriturismo narrato da Franco Faggiani nel suo libro *La manutenzione dei sensi*. L'autore è qui, seduto a tavola con noi. È bello parlarsi da un versante all'altro dei monti attraverso i libri e poi ritrovarsi insieme. Il racconto di Franco è dolce, intimo, parla della montagna come terapia per anime fragili. In molti scorci riconosco vedute, atmosfere, emozioni a me perfettamente note e consone.

Mercoledí 19 giugno 2019

Fervono i lavori per fognatura e acquedotto, la borgata è tutta scavi, terra, fango, passerelle, tubi, raccordi, valvole, tombini... Bisogna sopportare un po' di disagio per una funzionalità dell'impianto che speriamo duri almeno un paio di secoli.

Sabato 22 e domenica 23 giugno 2019

Siccome faccio parte del comitato scientifico della Federazione dei club alpini e di montagna francesi, questa volta è il mio turno organizzare la riunione in Italia. Chi arriva da Grenoble e da Aix-en-Provence ci raggiunge in macchina dal Monginevro, chi arriva da Parigi con il treno diretto alla stazione di Oulx. Pizza per tutti per celebrare l'Europa gastronomica unita. Un temporale ben previsto ci tiene a tavola fino alle 15, poi saliamo a Vazon. Schiarisce e conduco il gruppo al Soubras, per prendere confidenza con il territorio, con foto ricordo davanti alla cappella di San Barnaba. La riunione formale la teniamo alle 18 alla Chardousë cui segue cena conviviale tutta in francese. Al mattino di domenica salita alla cappella del Cotolivier con il gruppo, gran sereno e gran panorama. Io sono l'ultimo, tutti sono ben piú allenati di me. Attendiamo l'ondata di caldo africano che avrà il suo apice proprio sulla Francia e salutiamo nel tardo pomeriggio i nostri ospiti transalpini. Sofia pianta le patate nel campo all'entrata del paese. Bisogna difenderlo da caprioli e cinghiali con il recinto elettrico, altrimenti il raccolto sarà azzerato dalla loro voracità. Un po' piú di lupi in giro servirebbero a riequilibrare questi eccessi faunistici! La sera di domenica 23 giugno, gran falò della borgata per San Giovanni e fuochi artificiali a Sauze. L'aria di festa dei nostri tempi ha ormai dimenticato i significati di questi riti ancestrali. Il Des Ambrois racconta che «nella nostra valle si ritenesse un momento misterioso e terribile l'ora di mezzanotte che precede il giorno di San Giovanni; l'uomo coraggioso che in quel momento avesse colto nei boschi il seme della felce, sarebbe stato esposto ad apparizioni spaventose. Avrebbe rischiato il corpo e l'anima; ma, vincitore della prova, avrebbe acquistato un potere soprannaturale». E proprio sul versante di là della valle, nel bel mezzo delle piste da sci di Sauze d'Oulx c'è il Lago Nero, dove sempre Des Ambrois riferisce la tradizione che «vi albergasse un essere soprannaturale. Dei pastori che si erano attardati la vigilia di San Giovanni avevano visto una testa sporgere dal mezzo del lago. Avendo voluto fissare gli occhi su questa strana apparizione, sentirono delle pietre fischiare sulle loro teste e si affrettarono a fuggire». Noi sentiamo solo i colpi ritmati dello spettacolo pirotecnico.

La pugnalata alla schiena.

Aver fatto la riunione con gli amici e colleghi francesi qui e in questi giorni ha un forte valore simbolico. Sono le stesse date del giugno 1940, tristemente note per l'attacco dell'Italia fascista alla Francia già fiaccata dall'invasione tedesca. Dopo l'annuncio della dichiarazione di guerra dal balcone di Palazzo Venezia da parte di Mussolini nel tardo pomeriggio del 10 giugno, ci fu un periodo di attesa, di tentennamenti, di ordini confusi. A seguito dell'incontro del Duce con Hitler a Monaco di Baviera il 18 giugno, si aprirono gradualmente le ostilità. Il settore Bardonecchia-Monginevro fu tra i piú caldi del fronte che andava dal Monte Bianco alla Costa Azzurra. Il 20 giugno il generale Camillo Mercalli, savonese di nascita e che non era mio parente, comandante del IV corpo d'armata sul fronte occidentale, condusse le divisioni Sforzesca, Assietta, Legnano e Parma all'assalto di Montgenèvre prima ancora di ricevere un ordine preciso. Il 21 giugno i reparti italiani, coperti dai colpi dello Chaberton, che verrà poi messo a tacere dall'artiglieria francese nel tardo pomeriggio, riuscirono ad avanzare nel piccolo villaggio di valico. Il 23 giugno fu sferrato l'attacco ai forti Gondran e Janus, ma la penetrazione verso Briançon fu impedita dai francesi. Il tempo era sempre freddo e nebbioso. Poi arrivò l'armistizio nella sera del 24 giugno, con la fine delle ostilità e l'occupazione di una fascia di confine della Francia sud-orientale, che in questo settore si limitò ai comuni di Montgenèvre, Névache, Cervières, Ristolas e la frazione Roux del comune di Abriès. Fu una pagina disgustosa della nostra storia. Un attacco lanciato senza convinzione, solo per compiacere l'alleato germanico, contro popolazioni amiche da sempre in permeabile relazione fin dall'epoca degli Escartons, quando tutta questa zona era francese. Una guerra tra parenti. Ci furono come sempre atti di eroismo da entrambe le parti, atti di rispettabile etichetta militare, ma ci fu anche molta impreparazione e disorganizzazione del Regio esercito che portò agli italiani 631 morti, 616 dispersi e 2631 feriti, soprattutto gli assiderati per il freddo tardivo e la neve di quel giugno, accanitisi su soldati equipaggiati con leggere divise estive. L'esercito francese ebbe invece meno di 40 morti. Ciò che non fu onorevole da parte delle truppe italiane fu il saccheggio delle povere borgate di montagna a cui parteciparono anche dei civili arraffando pentole, mobili, attrezzi agricoli, provviste, sci, cavi elettrici. Colonne di camion – pare compresi quelli di alcuni antiquari torinesi – erano pronte, come sciacalli sulla preda morente, a entrare negli edifici della piccola fascia di territorio «conquistato». Oltre un anno piú tardi, il 27 ottobre 1941, la «Gazzetta del Popolo» da Torino inneggiava alla ricostruzione di Monginevro da parte delle autorità fasciste: «Piccolo villaggio ora molto piú bello che prima della guerra». La storia scritta da coloro che pensavano di essere i vincitori. Il valico vedrà ancora il passaggio di quasi 3000 alpini del Regio esercito sabato 14 novembre 1942 impegnati nella discesa pacifica verso Briançon. Ma la guerra si farà piú aspra dopo il 1943 con l'occupazione tedesca del confine e la lotta partigiana che solo in parte riuscirà a riscattare il «coup de poignard dans le dos».

Mercoledí 26 giugno 2019

Ondata di caldo africano. Faccio su e giú dalla bassa valle, i falegnami montano il palchetto in larice, i muratori allacciano i tubi di acqua e fogne sotto un sole implacabile. Caldo irreale e inedito anche lassú, 30 gradi di massima (e 46 in Provenza, un record assoluto, 41 a Torino). La neve sullo Chaberton va via a vista d'occhio. Capisci da queste giornate dove ci porterà il riscaldamento globale! Ne lascio una breve testimonianza in uno scritto che finisce sigillato sotto il palchetto, come fece il falegname Joachim Martin che nell'Ottocento riportò a matita sotto l'assito del castello di Picomtal, a Embrun – a un'ora d'auto da qui –, i pettegolezzi locali che non poteva narrare esplicitamente. Quattromila parole scoperte durante il restauro del 1999 oggi finite nel libro che ho qui con me: *Le plancher de Joachim* dello storico Jacques-Olivier Boudon. Con mezzi piú moderni giro invece il video sulla riabitazione della montagna come strategia di adattamento al riscaldamento globale, con l'aiuto del regista Andrea Sunseri, che non è arrivato quassú da Torino con un'appariscente troupe bensí con un sostenibile viaggio in treno e un passaggio in auto elettrica. Predicare bene, razzolare anche bene.

Sabato 29 giugno 2019

Bardonecchia: fa caldo all'inaugurazione del nuovo acquedotto di valle, un'importante dorsale idrica per contrastare le siccità del futuro che attinge l'acqua dalla vecchia diga di Rochemolles, costruita circa un secolo fa. Cosí la stessa acqua prima produce elettricità nelle turbine e poi finisce nei rubinetti, perfettamente potabilizzata. La definisco un'opera utile di adattamento ai cambiamenti climatici. Terminato il buffet saliamo nel pomeriggio al relativo fresco di Vazon e ci tratterremo fino a lunedí mattina. Pranzi e cene di qui e di là, riunione di borgata alla fontana, con gofri.

I gofri.

Vero street-food dell'Alta Valle di Susa sono i gofri, o *gòffre*, dal francese *gaufres*. Sono cialde cotte fra le tradizionali piastre di ghisa tonde con una quadrettatura in rilievo che ricorda le cellette di un alveare, diffuse oltre che in Francia anche in Belgio e in Germania. Un tempo le piastre di ghisa a tenaglia si facevano arroventare sui carboni ardenti, oggi si usano degli appositi fornelletti a gas di fronte ai quali siedono gli addetti alla cottura. La ricetta è semplice: farina, lievito, sale e acqua (qualcuno mette anche del latte) miscelati fino a ottenere una pastella fluida. Si lascia riposare per qualche ora e poi si inizia il rito: scaldata la gofriera sulla fiamma la si unge con un cubetto di lardo e poi si versa la pastella distribuendola bene sul disco inferiore, poi si abbassa il disco superiore e si fa cuocere. Per bruciare tutto basta un attimo di distrazione. La cottura perfetta invece fa appena imbrunire la trama a quadretti mantenendo morbido l'interno. Si stacca la cialda dalla ghisa e via con la successiva, mentre quella ancora fumante viene farcita con salumi, formaggio, miele, marmellate o crema al cioccolato, piegata in due e divorata in un attimo! Alle fiere e feste patronali non manca mai una batteria di gofriere in piena attività.

Lunedí 1° luglio 2019

Riprendono gli scavi dell'acquedotto davanti a casa, gran sereno, scendiamo alle 11. L'ondata di caldo si interrompe bruscamente tra le 21 e mezzanotte con un forte nubifragio al Rifugio Rey, 43 millimetri di pioggia e grandine: a Beaulard esonda il torrente Champeyron (che significa «campo di pietre»...), sormonta il ponte e minaccia il campeggio con fango, detriti e tronchi. I vigili del fuoco evacuano le persone nella notte, tanta paura ma tutti se la cavano senza troppi danni. Un caso simile era capitato la sera del 7 agosto 1981, allora il campeggio venne invaso da un paio di metri di fango e detriti e due auto con sei soccorritori a bordo furono travolte dalla piena ma per fortuna si salvarono tutti. Due eventi estremi in meno di quarant'anni, prima o poi ci scapperà il morto... Torniamo al 2019. Dopo poche ore di pausa un nuovo nubifragio si abbatte martedí 2 luglio nel tardo pomeriggio sulla stessa zona, con altri 32 millimetri, in totale 75 millimetri in ventiquattro ore. Sul versante francese la ferrovia internazionale vicino a Modane viene interrotta da smottamenti. E mercoledí 3 luglio, in serata, un altro violento scroscio investe lo Chaberton e il Passo di Desertes attivando varie colate detritiche sui ghiaioni e ingrossando i rii Manet e dell'Inferno (chissà perché si chiama cosí...) che si riversano fangosi su Fenils e Mollières.

Geomorfologia e rischi naturali in montagna: è una zona sicura?

«Qui la legge è il nevaio, la bufera, la tenebra», dice Issione alla Nube nei *Dialoghi con Leucò* di Pavese. E in effetti, a eccezione di occasionali terremoti, i rischi piú frequenti per una comunità di montagna arrivano dal cielo: alluvioni che generano frane, nubifragi con erosione dei suoli, grandinate, tempeste di vento con scoperchiamento tetti e distruzione di colture e foreste, nevicate e valanghe, siccità. L'atmosfera rimane l'ambiente piú selvaggio e meno controllabile con il quale ci siamo sempre confrontati e sempre piú ci troveremo ad avere a che fare con il riscaldamento globale, che amplificherà tutti i fenomeni meteorologici intensi già ora fonte di continua preoccupazione. «Molte cose son mutate sui monti», dice la Nube a Issione. Per questo bisogna conoscere il passato ma guardare al futuro non come a una sua ripetizione, bensí come a un'entità in divenire che potrà riservarci molte sorprese, quasi tutte sgradite. Ma l'atmosfera ci riserverà anche la bellezza di fenomeni grandiosi ed emozionanti, purché osservati da un rifugio sicuro! Quindi la conoscenza del clima e della geomorfologia locale è utile per valutare il grado di rischio geoidrologico della propria casa: quando dovete sceglierla consultate prima gli inventari e le cartografie del rischio locale per evitare sorprese che potrebbero anche minacciare la vostra vita. Vazon è un posto sicuro, non è vicino a corsi d'acqua che possano esondare, non è a ridosso di pareti rocciose che possano franare o pendii ripidi che possano svalangare. Nelle banche dati dei fenomeni geoidrologici estratti dalle antiche cronache, a Vazon compare soltanto il crollo di un paio di case durante il disastroso nubifragio del 20 maggio 1728, che piú in basso, a Oulx, fece danni enormi e straordinari. Non vi sono su questo versante altre segnalazioni, al di là dei periodici guasti alla strada d'accesso, dovuti alla poca manutenzione, mentre in media il fondovalle vede verificarsi un evento alluvionale ogni cinque anni. E per un'idea letteraria dei rischi naturali in montagna ecco due libri che non mancano nella mia biblioteca d'alta quota: *Paura in montagna* di Ramuz e *Batailles dans la montagne* di Giono.

Giovedí 4 e venerdí 5 luglio 2019

Breve vacanza nelle Alpi del Sud. Mentre risaliamo verso Monginevro ci fermiamo a constatare i danni della piena del giorno prima a Fenils: il fango è arrivato perfino sulla statale, una draga lavora nell'alveo della Dora per ripristinare il corso delle acque ostacolato dai detriti. Da Briançon ci dirigiamo verso la Valle dell'Ubaye e il mitico Passo della Bonette, a 2800 metri, e poi scendiamo sul delizioso villaggio di Saint-Dalmas-le-Selvage, la meno interessante stazione sciistica moderna di Auron e il borgo antico di Isola. Osserviamo il paesaggio in funzione delle idee architettoniche da rielaborare sul nostro piccolo pezzo di Alpi.

Lunedí 8 luglio 2019

Con l'auto elettrica mi arrampico fino al Monviso Institute di Ostana, il paese della Valle Po diventato simbolo di una lenta rinascita demografica e culturale dei villaggi alpini sofferenti d'abbandono. Il Monviso Institute, Centro per la sostenibilità e il design sistemico, è un'iniziativa di ricerca e didattica della resilienza montana che nasce dall'impegno del tedesco Tobias Luthe, guida alpina e professore di design rigenerativo alla Oslo School of Architecture and Design, all'Università di Friburgo e ai Politecnici di Zurigo e Torino. Tobias, ricco di conoscenza e di cultura cosmopolita, nel 2015 ha preso in mano i ruderi di alcune baite per trasformarli in case passive sostenibili: un laboratorio nella realtà, come ama definirlo. I lavori sono ancora in corso, ma visito questo cantiere con una piena sintonia di vedute e di valori, fondati sui Principî di Hannover per un ambiente costruito in armonia con quello naturale. Facciamo rete.

Mercoledí 10 e giovedí 11 luglio 2019

Proseguono lavori esterni, sostituzione travi di sostegno dei balconi, ma all'interno è tutto fermo da fine giugno perché il falegname non può. Gli artigiani bravi sono cosí, rari e molto desiderati. Fosco e Ivana dal Ticino passano alcuni giorni al Rifugio la Chardousë e decidono di restaurare per noi alcuni mobili antichi: la mola, l'armadio del pastore, una sedia. Un lavoro eccellente, da veri professionisti, cosí i mobili tornano a splendere lucidi di cera! Dormiamo sempre nella vecchia camera. Sabato 13 luglio una rapida puntata a Briançon e al colle del Lautaret. Sempre care mi furono queste Hautes-Alpes dove ho passato anni giovanili formativi a cavallo tra due lingue e due culture.

Lunedí 15 luglio 2019

Perturbazione fresca, pioggia dirotta in pianura (70 millimetri in bassa valle), solo 8 a Vazon, ma neve a 2500 metri, imbiancati Fraiteve e Chaberton. Temperatura minima 6 gradi. Meravigliosa montagna!

Mercoledí 17 luglio 2019

Il falegname Fabrizio termina finalmente il rivestimento in larice delle pareti del bagno. Liberiamo il soppalco-fienile da rottami, tavolame e travi: un polverone micidiale, pomeriggio faticoso e fastidioso.

Giovedí 18 luglio 2019

È la volta dell'idraulico Cristian, prepara tutti i sanitari da installare nel nuovo bagno, ma la cassetta di ceramica del wc è un modello sbagliato! C'è una lieve differenza nelle misure e proprio non vuole andare al suo posto. Bisogna renderla e attendere il cambio. Lo stesso è capitato giorni fa con la pompa di calore. Ormai il mondo è sempre piú complicato, i cataloghi si riempiono di migliaia di articoli e accessori, identificati da sigle impenetrabili. Una volta bastava un nome di fantasia ben memorizzabile, modello «Alpina», serie «Dolomiti»... oggi invece è l'oggetto FDXM25F3V1B9. Basta un trattino al posto sbagliato, un numero, una lettera, e subito il magazziniere mette in spedizione un pezzo invece di un altro. Peccato, cosí il nuovo bagno per oggi non è ancora pronto, i corrieri restituiscono e riconsegnano scatoloni, i camion intasano le autostrade, i ritardi e i disservizi aumentano con effetto domino... Mi sembra proprio l'analoga vicenda dell'idraulico Colombani raccontata da Peter Mayle nel suo *mas* provenzale trent'anni prima. Si prosegue comunque con l'allaccio delle tubazioni dell'acqua fredda e soprattutto di quella calda, mai esistita in questa casa. Inizia la lenta trasferta delle macerie all'impianto di smaltimento. Altra burocrazia. E su e giú con il camioncino con due tonnellate per volta, non si possono utilizzare camion piú grandi sulla strada.

Tempo e costi maggiori, tutto piú difficile. È la montagna, bellezza! Potevi comprarti la villetta a schiera sulla pedemontana, no? Le macerie ovviamente sembrano rigenerarsi, piú ne porti via piú ne rimangono. Constato che tutto ciò che è datato prima del 1950 è riciclabile, pezzi di montagna che semplicemente tornano dov'erano, pietre, legno, ghiaia e un po' di calce: ho infatti riciclato tutto. Invece mattoni, cemento, piastrelle frutto delle ristrutturazioni moderniste e posticce degli anni Sessanta e Settanta non si possono riciclare se non al frantoio della discarica per farne inerti da tenere lontani dalla vista, perché prima di tutto sono brutti da vedere con i colori innaturali rossi e gli smalti lucidi. Poi ci sono tutti gli altri rifiuti del cantiere: se ne fanno ancora troppi anche cercando di evitarlo. Troppi imballi. Troppa plastica. Almeno si possono riciclare. Ma ci sono anche materiali non riciclabili, resti di schiume poliuretaniche, frammenti troppo piccoli per essere separati, come le spelature dei cavi elettrici, i pezzetti di tubo corrugato in plastica e di tubo idraulico multistrato, i ritagli della barriera al vapore… Abbiamo cercato di riciclare e differenziare scrupolosamente tutto il possibile, gli sfridi di legno sono finiti nella stufa, ma sono comunque rimasti alcuni sacchi di materiale non riciclabile conferiti alla discarica. Il mondo non è perfetto.

Intanto il balcone in facciata riceve un impiantito e una balaustra provvisoria: evviva, si può uscire dalla porta-finestra senza precipitare di sotto. È un posto stupendo per leggere, ma quando finirà questo cantiere? Almeno fa fresco quassú e si lavora bene.

Venerdí 19 luglio 2019

Il Richiamo della Foresta ci porta a Estoul, in Val d'Ayas, al festival promosso da Paolo Cognetti proprio per riflettere sulle nuove vie dello sviluppo montano. Partendo dai cambiamenti climatici propongo un futuro di riabitazione dei villaggi d'altitudine. Alloggiamo nello splendido b&b A Barma Drola, un trionfo di pietre e antichi legni tirati a lucido da cui mutuare tanti suggerimenti per i nostri lavori. È cosí che si devono recuperare le vecchie case alpine!

Domenica 21 luglio 2019

Gran vociare al dehors del rifugio pieno di gente, il caldo in pianura cresce, quassú si sta benissimo! Primo tramonto passato sul balcone a vedere il cielo scurirsi e accendersi di stelle lontane, non abbagliate dalle luci urbane. L'assenza di inquinamento luminoso è un valore da difendere, spero non si metta mai un impianto di illuminazione pubblica, se non con nuovi punti luce azionati temporaneamente dall'utente: uno passa per la stradina e si accendono per cinque minuti, poi di nuovo buio naturale. Rientriamo nella stanza vuota e facciamo un fuoco nel camino, cosí, per gioia. Le fiamme danzano e ci ipnotizzano per un paio d'ore: schermo tv al plasma incandescente, due soli canali, larice e acero.

Lunedí 22 luglio 2019

Nuova ondata di caldo africano. I muratori proseguono lo sgombero delle macerie, nel cortile c'è finalmente piú spazio. Le finestre hanno ora i loro magnifici davanzali di pietra rustica e la cornice a calce. Abbiamo però l'impressione che il tempo ci sfugga di mano e ci sentiamo sommersi dalle troppe cose da fare. La giostra delle stagioni gira sempre e non si ferma, canzone occitana: *un altro anno è passato, è sempre un po' piú tardi*…

Mercoledí 24 luglio 2019

Puliamo le polverose tavole di legno con l'idropulitrice, il risultato è ottimo. Il falegname inizia a rivestire le pareti con il vecchio larice, spazzolando e rifilando assi che avranno duecento anni, di colore rossastro all'interno, e ancora profumate di resina: ecco che inizia a prendere forma il risultato finale, il guscio-di-legno! Malumori in borgata per i troppi cantieri aperti alla vigilia del massimo turistico, esigenze diverse tutte legittime ma difficili da conciliare. Una piccola comunità riproduce i problemi di quella grande.

Giovedí 25 luglio 2019

Non sono presente, ma viene installata la pompa di calore del tipo aria-aria. Servirà prevalentemente alla gestione del calore in nostra assenza: con l'accensione telecomandata permetterà di riscaldare la casa con anticipo per farcela trovare già tiepida al nostro arrivo. Funzionerà in parte a energia elettrica rinnovabile autoprodotta dai pannelli fotovoltaici sul tetto e in parte attingerà energia dall'aria esterna, raffreddandola ulteriormente attraverso uno scambiatore con ventola. Ma intanto ciò che servirebbe oggi è un condizionatore: il caldo imperversa, lo zero termico è a 5000 metri e a Parigi oggi il termometro ha toccato 42,6 gradi, il valore piú alto di sempre nella capitale francese.

Sabato 27 luglio 2019

Arrivano finalmente frescura e temporali, alle 12 un forte scroscio, con pioggia intensa, tuoni e fulmini, poi pomeriggio fresco e umido. La sera nebbia e pioggia tranquilla, temperatura sui 14 gradi, accendiamo il camino nella casa vuota, tre ore di benessere davanti al fuoco scoppiettante, immaginando tutto quello che ancora manca per arredare la casa.

Lunedí 29 luglio 2019

Ancora una volta partenza all'alba dalla bassa valle per raggiungere il cantiere. Oggi l'idraulico ha collegato acqua e scarichi del bagno, finalmente funzionano il lavabo, il wc, la doccia, è un grande traguardo! Disporre del bagno in casa, senza dover uscire al freddo di notte, è una delle grandi conquiste della modernità, non tornerei al passato per nessun motivo.

Mercoledí 31 luglio 2019

Installato un boiler elettrico provvisorio in attesa dei collettori solari termici e dei 6 kW di pannelli fotovoltaici che troveranno posto sul tetto quando verrà rifatto, l'anno prossimo. Ora cosí, anche se energeticamente parlando è poco efficiente, abbiamo anche l'acqua calda, cucina e bagno saranno piú comodi. Il falegname termina rivestimento ligneo della zona notte. Si chiude il cantiere per le vacanze estive, l'alloggio è vivibile anche se incompleto, un primo obiettivo faticosamente raggiunto. Nell'era del tutto e subito, qui valgono ancora l'attesa e la pazienza. Ci vorrà un altro anno prima di chiudere almeno il primo lotto dei lavori interni. Se la posticipazione della gratificazione è sintomo di maturità e autocontrollo, noi ne abbiamo fatto gran provvista e possiamo proporre una versione piú impegnativa del test delle caramelle di Mischel: quello della ristrutturazione della baita!

Sabato 3 agosto 2019

Sono le otto quando un paio di montatori vengono a installare il box doccia, che ora è completa e funzionante. Gran cosa. Alle 11 c'è la messa annuale alla nostra minuscola chiesetta, suona la campana di 54 chilogrammi tirata a mano, il parroco predica e canta senza microfoni come un secolo fa. Si esce e si mangia tutti un pezzo di pane benedetto, una grossa forma fatta cuocere dal panettiere di Oulx. Si mangiano i gofri e poi alle 16 per il festival Borgate dal vivo, arrivano duecento persone sedute nel crocicchio davanti a casa in uno splendente e luminoso pomeriggio estivo, un pubblico attento ed empatico. Parliamo di clima e di futuro della montagna con l'amico giornalista Roberto Mantovani. La sera cena nella vecchia cucina con muratori e ingegneri impegnati nel nostro cantiere e amici friulani.

Nostra signora della Neve.

La piccola cappella di Vazon, come altre 29 in Valle di Susa, è intitolata alla Madonna della Neve. Ovviamente vien da pensare, dato il luogo, che si riferisca a nevi alpine, invece l'episodio liturgico riguarda la fondazione della Basilica di Santa Maria Maggiore in Roma. Nel IV secolo, sotto papa Liberio (352-66), un ricco patrizio romano di nome Giovanni e la sua nobile moglie non avendo figli decisero di donare i loro beni per la costruzione di una chiesa dedicata alla Madonna, la quale apparve loro in sogno la notte fra il 4 e il 5 agosto, tempo di gran calura, indicando con un miracolo il luogo dove doveva sorgere il tempio. La mattina dopo, i coniugi romani si recarono da papa Liberio a raccontare il sogno, anche il papa aveva avuto la stessa visione e raggiunto il luogo indicato, il colle Esquilino, lo trovò coperto di neve. Meteorologicamente parlando una nevicata a Roma d'estate è poco probabile, ma poteva trattarsi verosimilmente di una grandinata! Comunque è inutile cercare spiegazioni razionali ai miracoli, tant'è che il pontefice tracciò il perimetro della nuova chiesa seguendo la zona di suolo «innevato» e fece costruire il tempio a spese dei nobili coniugi. La chiesa fu detta cosí dal popolo «ad Nives». Successivamente abbattuta e riedificata è oggi una delle quattro solenni basiliche papali romane dove la nevicata viene ancora ricordata con una cascata di petali di rose bianche sparsi dalla cupola. Tutto il contrario dello sfarzo romano è la nostra chiesetta che però di neve vera ne vede ogni inverno: già citata nel 1660, reca sul millesimo in facciata l'anno 1710, forse riferito a un restauro rilevante. È di forme semplici, facciata a capanna, tetto in lose, un piccolo campanile «a vela», un'unica navata intonacata di bianco, una trentina di posti a sedere sui banchi di legno, pavimento in pietra. Il presbiterio è separato dall'aula da un'inferriata, l'abside è piatta e ospita una bella pala d'altare in legno dorato (*retable*), ornata a motivi floreali, pampini e grappoli d'uva con al centro un dipinto della Madonna. Negli anni Settanta, al culmine dello spopolamento e della trascuratezza di queste borgate, le solitarie cappelle furono depredate di gran parte degli arredi. A Vazon si salvò per puro caso la pregevole scultura in legno colorato datata inizio del Cinquecento, raffigurante la Beata Vergine Maria, ora custodita nel Museo diocesano di Arte sacra di Susa. La statua era infatti quasi completamente nascosta da un groviglio di nastri propiziatori di seta ricamata accumulati nei secoli dalle novelle spose come richiesta di protezione e buon auspicio. Cosí celata alla vista, i ladri antiquari non si sono mai resi conto della sua bellezza e l'hanno lasciata al suo posto fino alla visita del vicario generale della diocesi, il 9 luglio 1975, momento della sua riscoperta ma pure della sua dipartita definitiva dalla borgata. Certo, al museo è ben conservata e protetta, ma sta di fatto che qui oggi ne abbiamo soltanto una fotografia. Sarebbe bello farne una copia appoggiandosi alle varie scuole di intagliatori del legno dell'alta valle, che tuttavia si mantengono a livello amatoriale e non riescono a creare un mercato di artigianato tradizionale come accade invece nel vicino Queyras o in Valle d'Aosta.

Domenica 4 agosto 2019

Mentre il dehors della Chardousë pullula di avventori vocianti, noi si lavora come formiche all'interno. Pulizie, piccole manutenzioni e alla sera la prima doccia della storia di questa casa: funziona, l'acqua calda c'è, tutto confortevole, grandissima conquista! All'imbrunire accendiamo il caminetto, l'isolamento termico è eccellente, crepiamo di caldo e ci tocca aprire le finestre…

Martedí 6 agosto 2019

L'elettricista Diego monta una manciata di prese e interruttori per avere un minimo di vivibilità prima delle vacanze estive. Le lampadine pendono dal soffitto dai fili, ma almeno c'è luce! E installiamo pure la parabola per il collegamento internet, il segnale arriva dai ripetitori di Sagnalonga, a circa 10 chilometri. Miracoli della tecnologia, ora siamo connessi.

I nuovi mestieri in montagna: in alto c'è posto!

Credo che la diffusione della rete in tutte le zone di montagna sia il fattore abilitante piú importante per la riabitazione delle aree interne spopolate. La rete permette due cose: il telelavoro e l'accesso alle informazioni. Se un tempo pensavi alla montagna come luogo tagliato fuori dalla vita sociale, dalla cultura, dall'avanguardia, ora tutto questo è disponibile anche lassú. In un attimo puoi leggere i giornali di tutto il mondo, dare un'occhiata alle webcam di altri continenti e pure delle metropoli, caso mai te ne venisse nostalgia per qualche minuto… puoi assistere a un concerto, puoi visitare un museo virtuale, vedere un film, accedere al sapere scientifico e alle frivolezze, al commercio per corrispondenza facendoti recapitare tutto ciò che cerchi. La rete non ha centro ma fa di te il centro di quello che vuoi, dei tuoi interessi, delle tue affinità culturali e sociali. Annulla solitudini e isolamenti pur mantenendo la quiete intorno a te. Ti controlla anche, è vero, ma nessun pasto è gratis... E il telelavoro rende possibile praticare da casa molte professioni che prima necessitavano di una vicinanza fisica con i centri urbani. Io non vedo la riabitazione della montagna come riproduzione del passato, appannaggio di pochi mestieri un po' stereotipati come allevatore, agricoltore, boscaiolo, guida alpina e maestro di sci. Vedo la coesistenza di queste professioni tipiche delle terre alte con quelle – vecchie e nuove – di matrice piú urbana che si potranno affiancare nei territori decentrati grazie alla tecnologia informatica: professionisti come ingegneri, architetti, disegnatori, programmatori, psicologi (con proposte terapeutiche nella natura), ricercatori universitari delle piú svariate discipline (e qui mi ci metto anche io con la climatologia), ma pure artigiani e artisti, pittori, scrittori, musicisti, ebanisti e ceramisti, consulenti turistici, e perfino medici, almeno per le pratiche che cominciano a giovarsi della telemedicina. Ovviamente bisogna uscire dal cliché del montanaro rude e selvatico che sfida gli elementi e vive 365 giorni all'anno sull'alpe, tra bufere e solitudine: i nuovi mestieri possono prevedere viaggi verso le città e soggiorni in altri contesti, esattamente come chiunque viva e lavori in altre aree geografiche, basta che ciò non produca l'effetto dormitorio con nuovo pendolarismo giornaliero, ma sia espressione di una vera reciprocità territoriale, equamente permeabile, senza sudditanze. Oggi, grazie al telelavoro, è possibile diventare montanari part time sfruttando l'enorme patrimonio di seconde case, quasi sempre vuote, per periodi molto piú lunghi delle sole vacanze. Non piú appartamenti-contenitore di posti letto in desolate periferie bianche, ma residenze ibride per un «abitare mobile», come lo definisce il geografo Mauro Varotto in *Montagne di mezzo*, rivitalizzate da week-end lunghi, settimane corte, soggiorni frequenti distribuiti lungo tutto l'anno, in grado di stemperare l'intermittenza pieno-vuoto dell'attuale montagna turistica, totalmente dipendente dal calendario delle città. Marie-Christine Fourny dell'Università di Grenoble vede le Alpi impegnate in un percorso di sperimentazione che le porta a diventare laboratorio di innovazione non diversamente dalla città. Ma per esprimere questo nuovo corso bisogna abbandonare la rappresentazione culturale e sociale di un immaginario alpino ormai sterile. Tra l'altro non dimentichiamo che proprio la montagna del passato era terra di emigrazione, non per scelta ma per necessità: d'inverno i capifamiglia se ne andavano addirittura oltreconfine a prestar lavoro di spazzacamino, decoratore, scalpellino e molte madri si mettevano a servizio o a balia delle nobili case cittadine per integrare i magri guadagni agricoli della breve estate. Oggi, non piú pressato dalla miseria ma spesso portatore di solide competenze culturali, chi deciderà di venire a lavorare in montagna vivrà due vite, quella professionale e quella contemplativa. E l'aria piú pulita gli allungherà la vita biologica. Avanti, in alto c'è posto (per ora).

Venerdí 9 agosto 2019

Arriviamo verso sera, dopo giorni di lavoro serrato nel caldo della bassa valle. Traslochiamo materassi e letto dalla vecchia cameretta pastorale al nuovo guscio-di-legno, sia pure ancora incompleto degli arredi, della cucina e del rivestimento. Colleghiamo rapidamente un computer alla rete. La notte passa comoda nel profumo di resina emanato dalle pareti di larice. Non piú polvere e calcinacci, non piú la ripida scala di accesso e il gabinetto gelido e scomodo al pian terreno. Ora è tutto disponibile al piano, pulito e funzionale. Sessanta metri quadri di comfort e civiltà. Al mattino il sole entra dalle finestre ancora senza tendaggi, spande una luce calda sul legno e ci sveglia, come faceva un secolo fa nello chalet svizzero di Elizabeth von Arnim. Accendiamo il computer, internet ci permette di ascoltare la fontana inesauribile di musica offerta da Radio svizzera classica: spalanco le finestre cosí che il Concerto per due trombe e archi di Vivaldi risuoni nel mattino alpestre, sembra di essere dentro il quadro di Segantini *Mezzogiorno sulle Alpi*.

Ci siamo dimenticati della contemplazione.

Siamo in un'epoca dove pare esistere solo il «fare», nel senso di attività materiale continua, anche nelle ore di svago e di libertà. Il tempo libero in *otium* contemplativo, in lenta elaborazione del pensiero e delle sensazioni che giungono dalla natura non sembra essere piú concepibile. Viene confuso con la noia o con la pigrizia. Divertirsi è attualmente sinonimo di attività, siano esse sportive o amatoriali, basate quasi sempre su una protesi tecnologica, un nuovo giochino, un dispositivo elettronico, un mezzo motorizzato, un evento con un fine preciso, si deve arrivare lassú, si deve conquistare qualcosa. Possibilmente questo fare deve avvenire in zone affollate e conosciute, dove tanta gente converga per dire che «lí succede qualcosa», mentre si rifugge da luoghi dove «non succede mai niente». Se si pensasse soltanto a quanto di straordinario avviene dentro una foglia colpita dal sole capiremmo che in un bosco succede tutto, nel senso che con la fotosintesi ha inizio la catena che sostiene la vita, mentre il piú delle volte una giornata su una spiaggia affollata è di una noia mortale. Sedersi sotto un larice a guardare le nubi che solcano il cielo, ad assaporare un panorama, a osservare fiori o insetti, o a leggere un libro non sono oggi considerati svaghi degni d'attenzione. Eppure la contemplazione è una forma molto accessibile di serenità e di tranquillità d'animo che non richiede sforzi, investimenti, fatiche e confronti sociali. È per se stessi, e forse proprio perché non si presta a essere ostentata come una potente motocicletta al bar non è popolare. Ed è pure ambientalmente sostenibilissima, a basse o nulle emissioni, non richiede viaggi lontani in aereo o auto, non produce rifiuti. Forse la nostra società, compressa dalla continua spinta alla crescita, resa aggressiva dalla competitività sterile, avrebbe soltanto bisogno di un po' di pace e tranquillità per ritrovare se stessa e per migliorare le relazioni interpersonali. Elizabeth von Arnim, nel suo *Uno chalet tutto per me*, noto anche come *Un'estate in montagna*, nel luglio

1919, cura le ferite dell'anima lasciatele dalla Prima guerra mondiale semplicemente ammirando i delphinium nel giardino della sua dimora nelle Alpi del Vallese: «Sono stata tutto il giorno sdraiata sul prato davanti alla porta a guardare le nuvole bianche sfilare pigre, in lenta processione sopra le punte dei delphinium [...] Non pensavo a niente; me ne stavo lí al sole a battere le palpebre e a calcolare quanto tempo impiegava una nuvola a spostarsi da una spiga all'altra. Percepivo il colore dei delphinium, svettanti, di un blu intenso eppure non cosí assoluto e radioso come quello del cielo. Dietro di loro, l'azzurra vastità dell'aria riempiva la volta del cielo di un turchese sfumato di viola». Quando avremo chiuso il cantiere pianteremo sicuramente dei delphinium davanti a casa. E anche dei lupini, delle rudbeckie e dei papaveri d'Islanda. E per quando fuori piove o nevica, c'è uno spazio di contemplazione ancora piú intimo, ben descritto in *Viaggio intorno alla mia camera* da De Maistre: «Mobile perfetto, la poltrona! Soprattutto è della massima utilità per chiunque abbia uno spirito meditativo. Nelle lunghe sere d'inverno è talvolta dolce e sempre prudente stendervisi mollemente, lontano dal chiasso delle riunioni numerose. Un buon fuoco, libri, penna, quali rimedi contro la noia! E che piacere dimenticare libri e penna per attizzare il fuoco, abbandonandosi a qualche dolce meditazione, o per intrecciar due rime per rallegrare gli amici. Le ore scivolano su di voi e cadono silenziosamente nell'eternità, senza far sentire il loro triste passaggio». L'Istituto di scienze e tecnologie della cognizione del CNR di Roma segnala che la mente può sia farci ammalare se è sotto stress, sia aiutarci a star meglio come attraverso la mindfulness o «meditazione di consapevolezza», tecnica di concentrazione non giudicante. Questa pratica può dare effetti benefici anche su disturbi fisici come diabete, malattie cardiache e dolore cronico, arrivando a proteggere contro l'invecchiamento cellulare tramite la diminuzione di molti marcatori fisiologici dello stress quali cortisolo, frequenza cardiaca e pressione arteriosa, nonché proteina C-reattiva e fattore di necrosi tumorale alfa. Il cortisolo in quantità eccessive aumenta la neurodegenerazione (perdita di neuroni e sinapsi) e riduce la neurogenesi (nascita di nuovi neuroni). Quindi meditate gente, meditate e contemplate, meglio se in montagna e in un accogliente rifugio. È vero che si rischia la sindrome della capanna, ma corro volentieri questo rischio...

Mercoledí 14 agosto 2019

Arriviamo a Vazon nel pomeriggio da Chianale via colle dell'Agnello e Queyras. Portiamo con noi idee per la pavimentazione in pietra della borgata e un oggetto d'arte occitana del legno intagliato.

Giovedí 15 agosto 2019

Il Ferragosto al Lauzet, a Casa T., sta diventando un appuntamento fisso. Cielo brillante, tutti a pranzo fuori. Bucato una gomma su una pietra sporgente lungo la strada del Cotolivier per evitare un ciclista in discesa forsennata. Sabato 17 agosto, a Sauze d'Oulx, visita della suggestiva borgata Jouvenceaux, patria degli antichi Savincatii, una delle quattordici tribú preromane indicate sull'Arco di Augusto di Susa. Da non mancare gli affreschi quattrocenteschi della cappella di Sant'Antonio. Partecipo alla presentazione dei libri di antropologia di Lia Zola e Laura Bonato, docenti all'Università di Torino e frequentatrici di questi monti, e ceniamo alle Grange Tachier, proprio dirimpetto a Vazon. Concludiamo la serata al bar vintage Scacco Matto di Sauze. Forse ci andavo in qualche *après-ski* di quarant'anni fa.

Sabato 24 agosto 2019

Nel pomeriggio provvedo all'accensione del forno comunale, purtroppo sempre piú malandato. Ci vuole cura per scaldarlo al punto giusto, inclusa la sorveglianza notturna.

Domenica 25 agosto 2019

Festa della borgata. Banchetti artigiani, tanta gente, colori, suoni. Mi metto al forno la sera e restituisco pizze e porchetta cotti a puntino. Il pane lo sforniamo a mezzanotte, quando ormai tutti si sono dileguati. Un rito antico alla luce delle lampade frontali.

Lunedí 26 agosto 2019

Ci sono i rifiuti della festa da smaltire, facciamo la raccolta differenziata: quanto spreco, quante disattenzioni. Il vetro con il vetro, la carta con la carta, la plastica sempre complicata per i tanti tipi, l'organico va nell'orto, anche tanti avanzi di cibo che sarebbero stati bene in tavola sono stati brutalmente cacciati nel sacco nero. Rifiuti che non passeranno la notte: cani, volpi, lepri, gazze divoreranno tutto. La pace con l'ambiente è fatta.

Martedí 27 agosto 2019

Giornata torbida e afosa, un po' di sole al mattino, passeggiata nel bosco, in esplorazione dei nostri terreni. Prati secchi, tra i ginepri e i cardi spinosi saltano cicale e altri insetti. Poi si prepara il temporale, che arriva verso le 18. Scrosci di pioggia, nebbia a folate. Sotto l'abete osserviamo dalla finestra ben cinque gazze che beccano insetti, una danza primordiale dai rami all'orto e ritorno. Silenzio dopo tanto vociare, borgata deserta. La giostra delle stagioni gira e cambia sempre. Ogni giorno cambia un po' la luce, cambiano i colori dei prati. È ormai tarda estate, verdegiallo, spento, polveroso. Poi piove. Sentori autunnali, tutto muta in un attimo. Domani il verde lavato sarà piú brillante. Spiace scendere al piano, ci si perde qualcosa di importante. Cent'anni fa qui pensavano forse il contrario, la città attirava tutti e la gente dell'alpe scappava, sentendosi inferiore, marginale, fuori dal centro della civiltà. Oggi con la rete puoi essere sempre informato su quanto accade nel mondo e goderti qui tutto ciò, lontano dai difetti urbani.

Giovedí 29 agosto 2019

Nel piccolo anfiteatro all'aperto di Molveno, sul bellissimo lago montano del Trentino, presento il progetto Vazon a un pubblico curioso di immaginare nuovi modelli per la montagna di domani.

Venerdí 30 agosto 2019

Francesco Denza era un meteorologo e padre barnabita che da Napoli fu inviato a insegnare al Real Collegio Carlo Alberto di Moncalieri, dove fondò nel 1865 l'Osservatorio meteorologico che ora spetta a me condurre. Denza, nato sul mare partenopeo, avviò la meteorologia alpina e appenninica italiana, divenne provetto alpinista scalando il Monviso il 6 settembre 1870 e fu nominato socio onorario dell'allora giovane Club alpino italiano. Poco dopo la sua morte, avvenuta in Vaticano nel 1894, gli fu intitolato il Rifugio Stavèl, nel gruppo della Presanella, a 2298 metri, in comune di Vermiglio, non lontano dal Passo del Tonale. È la nostra meta di oggi, per una conferenza all'aperto sul riscaldamento globale in memoria della figura del grande meteorologo ottocentesco. Siamo accolti con un boccale di birra fresca dai due giovani gestori Erika e Mirco, in costume tradizionale. Durante la salita in auto per l'ardita stradina ex militare fino al forte Pozzi Alti, da dove inizia il sentiero, si sprecano le considerazioni sulla cura del territorio e la fruibilità turistica di queste montagne, da cui cerchiamo di trarre tutti gli insegnamenti possibili da introdurre nel nostro selvaggio ovest.

Venerdí 6 settembre 2019

Blower Door Test: il momento della verità è giunto, avremo fatto un buon lavoro di isolamento? Penso proprio di sí, scrupolosa progettazione, attenta esecuzione, nastri, sigillanti, barriere al vapore, serramenti top di gamma. Sarà solo una formalità, mi dico, mezz'ora e il test sarà finito con pieni voti. La ventola viene applicata alla finestra, esercita pressione e depressione. L'ingegnere che fa le misure non ha però una faccia soddisfatta, guarda i numeri sul visore degli apparecchi con sospetto. Ma ecco gli spifferi, evidenziati da una nebbia artificiale prodotta da un aggeggio che sembra una sigaretta elettronica. Si insinuano tra i controtelai delle finestre mal nastrati e dalle fenditure dei vecchi travi. Tutti subdoli refoli d'aria che non si possono percepire con i nostri sensi, ma ci sono eccome. Il fumo artificiale è lí, sotto i tuoi occhi, a tracciare passaggi reconditi e pericolosissimi per le condense dell'umidità. Quattro ore di controlli e di delusioni. Altro che promossi a pieni voti, veniamo rimandati a novembre! Ora bisogna chiudere i buchi. Test restrittivo, ma implacabile, ciò che l'occhio non vede, rilevano gli strumenti. Bisogna ancora migliorare, sia per certificare CasaClima, sia per evitare le pericolose condense occulte.

Sabato 7 settembre 2019

Breve passeggiata sul versante opposto, Sauze d'Oulx, strada per Sportinia. Il Lago Nero è basso per la siccità ma non vediamo uscire dalle acque la testa della favoletta del Des Ambrois. Visita al nuovo bar ristorante La Marmotta, a 2400 metri. Architettura montana contemporanea di gran pregio, qualità nei dettagli, charme e design, legno antico, pietra e vetro. Sostenibilità energetica. Buona accoglienza e qualità: cosí dovrebbero essere tutti i locali invece in molti luoghi siamo ancora indietro, sciatteria, vecchiume, scortesia. Anche la vicina Capanna Mollino, capolavoro dell'architettura montana «moderna» del 1947, lasciata prima degradarsi e poi recuperata di recente, non riesce a offrire qualità, rimane un luogo incompleto, dove si è intervenuti al risparmio. Lí vicino c'è anche la stazione meteo automatica del Lago Pilone.

Domenica 8 settembre 2019

Soleggiato, limpido, cumuli, vento freddo, una decina di gradi. Prendiamo il sentiero alto per Château Beaulard, tra grandi larici nel bosco settentrionale sotto il Cotolivier, alla ricerca delle nostre particelle catastali. Scorci ameni tra piccole radure nel bosco verso Croce Turin, a ricordo di un bambino di 9 anni, Pietro Turin, che qui il 7 giugno 1926 perse la vita per una bomba forse residuato di manovre militari. Di colpo compare tra le fronde l'imponente parete dolomitica della Clotesse e della Grand'Hoche, cioè il grande intaglio, dal patois savoiardo *ouche*, prelatino *osco*, come la Dent d'Oche che sovrasta Evian. L'intaglio tra le due cime è oggi denominato Passo dell'Orso, 2481 metri. Le fronde sono verdi ma i prati si mostrano ingialliti dalla siccità estiva.

Sembra tutto fermo nella solitaria foresta, ma fervono attività nascoste: miliardi di reazioni biochimiche, fotosintesi, funghi, batteri, rettili, mammiferi, insetti al lavoro. Identifichiamo le nostre proprietà forestali, ci sono alcuni maestosi esemplari di larice. Forse arrivano da qui anche i tronchi che ci fanno da soffitto? Sono grandi travi massicce, alberi che forse avevano piú di duecento anni quando furono abbattuti a mano e trascinati faticosamente sulla neve con una slitta e un cavallo durante un inverno settecentesco, quando la casa fu tirata su. Rigoni Stern in *Arboreto salvatico* venera i larici come «alberi cosmici». Risaliamo tra piccole sorgenti e qualche pantano calpestato dalle vacche fino al colletto Pourachet e i suoi duemila metri. Sul versante sud è tutto piú giallo e polveroso. L'alpeggio Pourachet affittato dai margari della pianura a nord di Torino è trascurato e semidiroccato. Era l'ex albergo Pourachet, sul muro c'è scolpita la data 1900, c'è ancora un bovindo, inusuale per questi luoghi, e dei balconcini di legno dipinti di verde. Negli anni Trenta del Novecento era meta di villeggiatura, talora pure in inverno, ci si arrivava con la slitta blu che abbiamo noi in casa, trainata dal cavallo. Ora il pian terreno è piastrellato alla meglio e trasformato in casera: acquistiamo mezza toma, il formaggio d'alpeggio piemontese un po' banale, a differenza del sopraffino beaufort savoiardo che qui non vogliono provare a imitare. Compare un'anziana pastora, minuta, curva, in abiti quasi ottocenteschi. Danno tutti l'impressione di lavorare allo sfinimento solo per riuscire a pagare l'affitto. Rottami sul piazzale antistante, abbeveratoi in vecchie vasche da bagno – uno dei tratti distintivi inconfondibili del nostro paesaggio montano trasandato –, poca acqua, macchine impolverate parcheggiate davanti all'edificio. In Trentino hanno trasformato le malghe in alberghi, qui, caso piú unico che raro, abbiamo trasformato l'albergo in malga… I margari dicono che da vent'anni il tempo non è piú come una volta, tutto cambiato, troppo caldo e poca pioggia. Hanno il terrore dei fulmini, che uccidono le vacche e talora pure i pastori – vedi i larici spuntati? tutta colpa dei fulmini! Mi viene in mente l'alpeggio grigionese Sez Ner raccontato da Arno Camenisch: «Ogni anno è peggio, dice il casaro. D'inverno non c'è neve e d'estate non c'è acqua. Se va avanti cosí, tra poco sarà come in Marocco». Scendiamo a Vazon nell'atmosfera vivace, ventosa e luminosa d'autunno incipiente. La temperatura scende, alle 17 ci sono sette gradi, ma il guscio-di-legno è caldo senza nessuna fonte di riscaldamento se non il sole che entra dalle finestre. Alle 19 però chiudiamo casa e tocca scendere a valle.

Lunedí 9 settembre 2019

Terme di Premia, Val Formazza, Ossola, lezione di strategia climatica per il progetto «RestartAlp» destinato ai giovani imprenditori nelle regioni montane. Siamo solo a 800 metri, eppure sembra un panorama molto piú alpestre che altrove. Rocce solide, cristalline, venate di nero per i licheni e le piogge abbondanti, cascate ovunque, acque limpide prive di limo, foreste ombrose e muschiose, nevicate invernali imponenti. Per mia inclinazione avrei preferito questo clima e questa morfologia, piú severa rispetto alla solare e asciutta Valsusa. Ma la Val Formazza per me è lontana, due ore e mezza di autostrada… Per non parlare della bellezza del Trentino, come la Val Canali, il Primiero, la Presanella a Ossana e Vermiglio. Posti dove a una natura superba si aggiunge una cura del territorio d'eccellenza. Ma sono rimasto nelle piú povere Alpi occidentali. Ognuno deve forse portare a termine una missione: migliorare i luoghi dove è capitato invece di trasferirsi in quelli dove va già tutto bene. È il tema della lezione che faccio oggi ai giovani studenti di montagna che ho di fronte.

L'Omo Selvadego.

Il fatto che mi attiri il tempo piovoso, umido, nevoso e freddo mi accomuna un po' all'Uomo Selvatico. Matteo Maria Boiardo, nell'*Orlando innamorato* (XXIII, 6) ne scrive cosí:

E dicesi ch'egli ha cotal natura,
Che sempre piange, quando è il cel sereno,
Perché egli ha del mal tempo alor paura,
E che 'l caldo del sol li venga meno;
Ma quando pioggia e vento il cel saetta,
Alor sta lieto, ché 'l bon tempo aspetta.

È una figura antichissima, legata forse a culti pagani di fertilità, trasposizione antropomorfa dello spirito delle selve, diffusa in tutto l'arco alpino: Ommo Sarvadzo in Valle d'Aosta, Omo Salvadego in Valtellina, dove a Sacco c'è pure il museo con la *camera picta* che ritrae il peloso essere datato 1464, Om Pelos in Trentino, e l'Om Salvadegh in Val Pusteria, l'Urciat nel Biellese. Ha tratti umani ma è ricoperto di pelo ispido e irsuto, tranne le mani e il viso, in alcuni casi vestito di pellicce, con in mano un bastone. Eppure non è un primitivo. In alcune leggende egli appare come primo abitatore delle Alpi, iniziatore dell'attività alpestre, colui che ha insegnato agli uomini a fare il burro e il formaggio, a raccogliere e lavorare il legno, a produrre il miele e trovare minerali. Poliziano nelle *Stanze* lo tratteggia cosí:

Facea sovente pe' boschi soggiorno
inculto sempre e rigido in aspetto;
E 'l volto difendea dal solar raggio,
con ghirlanda di pino, o verde faggio.

In effetti se devo proprio esprimere una preferenza, io mi sento autunno-vernino, sciafilo e ombrofilo, mentre la luce che aumenta in tarda primavera, l'ora legale e le lunghe sere estive mi mettono un po' di inquietudine. Non sono – come la maggior parte degli umani – eliofilo. Mi trovo in maggior sintonia con la fase calante del ciclo stagionale, con il mutare dei colori del fogliame dalla metà di ottobre, con l'arrivo delle prime brine, la sera che anticipa e l'imbrunire che spinge verso il focolare domestico, con il freddo e la neve invernali che purtroppo il riscaldamento globale contrae sempre piú. Ovviamente a tutto c'è un limite e quando piogge e nevi durano piú di una settimana mi stufo anch'io! È piuttosto l'alternanza di tempi diversi che dà gioia. E quando le domeniche sono troppo affollate di turisti, confesso che prego per il temporale che in pochi minuti fa scappare tutti.

Sabato 14 settembre 2019

Dopo il freddo dei giorni scorsi, con minima che è arrivata a un paio di gradi, ora fa di nuovo molto caldo. Capisci perché qui non ci sono ghiacciai. Alla fine dell'estate anche i due piccoli residui nevai alla base del Pic de Rochebrune se ne sono andati. Ieri 13 settembre siamo stati a misurare il ghiacciaio Ciardoney, in Gran Paradiso, che era bianco di 10 centimetri di neve fresca caduta la settimana prima, invece in Valsusa non s'è visto un fiocco e perdura la siccità. I prati a valle della borgata sono gialli e polverosi, le capre che pascolano tra questa erba secca e cespugli spinosi sembrano gazzelle in una savana alpina costellata da gruppi di aceri come baobab. Capiamo quanto è fragile con il riscaldamento globale la montagna poco piovosa, quella delle Alpi gialle: lo Chaberton ora senza traccia di neve è brullo, arido, sembra una montagna del Caucaso, non delle verdi Alpi. La cisterna per la raccolta dell'acqua piovana diventa necessaria: fino a quando durerà la preziosa sorgente che alimenta Vazon da millenni? Giornata ad alta socialità, chiacchiere e incontri con quasi tutti i presenti nella borgata. La sera ceniamo per la prima volta nel guscio-di-legno, anche se non c'è ancora la cucina montata. Il lavello è appoggiato per terra e i piatti li laviamo al piano terreno. Alle 22 chiudiamo tutto e scendiamo a valle, è sempre piú fastidioso abbandonare l'alta quota per la pianura, vogliamo stare quassú.

Sabato 21 settembre 2019

Da Vazon a Sampeyre per una conferenza al Rifugio Sant'Anna. In auto, compiamo la «pass-to-pass»: Monginevro, 1850 metri, Izoard, 2361, Agnello, 2744. Gran nebbione, si stenta a capire dov'è la strada, scendiamo in Valle Varaita fidandoci piú dei tornanti che compaiono sullo schermo del navigatore che fuori dal parabrezza. Pernottiamo in agriturismo a Sampeyre.

Domenica 22 settembre 2019

Rientro a Vazon dai tre passi valicati ieri. Pomeriggio di nebbia stillante, raccogliamo nell'orto i nostri cavoli cappucci, sodi, compatti, perfetti, e prepariamo i crauti. Nel vecchio «peilo» c'è una bella atmosfera domestica, stufa accesa. Si affettano i cavoli a strisce sottili, si pressano nel vaso fermentatore di gres acquistato in Südtirol, si aromatizzano con un po' di sale, semi di cumino bacche di ginepro raccolte sul sentiero del Soubras. Si mettono sotto il peso di un paio di mattoni sterilizzati, si chiude il vaso, ermetico all'aria grazie a un coperchio che immerge in un apposito bordo pieno d'acqua, e si lascia fare il lavoro ai batteri lattici. Li gusteremo nei giorni di Natale.

Domenica 29 settembre 2019

Sentiero verso Desertes, sole, aria limpida, caldo giusto, colori autunnali, lo Chaberton arcigno, Rocca del Lago con i bianchi scivoli dolomitici, i muretti a secco ormai sconnessi che sostengono prati semiabbandonati invasi dai ginepri e dalla spinosa rosa canina con i suoi frutti rossi e lucidi, una vipera attraversa rapida il sentiero. A ogni passo una sosta per guardare, fotografare, interiorizzare il paesaggio. Passa uno in bici, è un lampo, nemmeno un saluto. Ci supera in tutina aderente un runner della terza età. Gli dico: «Vada piano, si goda la giornata! Non la insegue nessuno». Risponde, sempre correndo: «Ahimè, è un allenamento». E scompare. Penso a quando ottant'anni fa su questi ameni sentieri si correva con il cuore in gola inseguiti dai nazifascisti... Ora si corre per adrenalina, per competizione, per sfida, certamente meglio cosí, ma c'è lo stesso qualcosa di stonato. Intanto il Pic de Rochebrune si sbriciola, nubi di polvere lo avvolgono mentre frana per il caldo. Desertes, molte case cadenti, poche riattate. Caldo e secco, un anziano abitante, seduto nella minuscola Place de la Retraite, davanti alla fontana: «Mai visto un caldo e secco cosí, è cambiato tutto, a fine settembre un tempo c'era già la brina...» Abbiamo infatti 20 gradi a 1500 metri e minima di 9 gradi, condizioni estive, siccità, aceri ingialliti, frassini bruni e ciliegi arrossati, perdono le foglie per l'asciutto e non per l'autunno che avanza, fontane in esaurimento. Gruppo di motociclisti avvolti in tute nere e caschi con go-pro. I vecchi della Place de la Retraite chiedono ironicamente: «Mettete voi a posto le strade che franano?» Non la prendono bene e proseguono con una rumorosa sgasata. Piú sotto, davanti alla chiesetta del Quattrocento, grossi fuoristrada e gruppo picnic invasivo, selfie con le auto e occhiali scuri, discorsi motoristici. Scendiamo dalla strada militare verso Balbières. Rientriamo a Vazon dal sentiero via Soubras. Notte serena e senza luna: si vedono le stelle, anche quelle piú piccole, ma verso la pianura l'eccesso di luminosità urbana giallastra le rende invisibili. È un bene salvaguardare il buio. La luce ce l'abbiamo in casa, non serve portarla fuori per disturbare le lumache.

Competitività vs cooperazione.

Chi arriva quassú sempre piú spesso corre. A piedi, in bici, in moto. È un drogato d'adrenalina. Uso il maschile perché la sindrome colpisce piú gli uomini delle donne. Osserva con insistenza un quadrante di un orologio o di un telefonino per controllare i tempi e i battiti cardiaci: è in continua competizione con se stesso e con gli altri. Arrivato alla meta si scatta un selfie, esulta per i minuti strappati al record precedente e si ributta a valle. Non guarda quello che ha attorno. Non capisce di essere in una straordinaria natura. È venuto lí solo per i metri di dislivello e per la performance sportiva: tanto valeva correre su un tapis roulant in palestra. Talora è prigioniero di una vera e propria forma di vigoressia, anoressia inversa, dismorfia muscolare o complesso di Adone: preoccupazione cronica, ossessiva ed esagerata per la forma fisica, una patologia che viene erroneamente scambiata per la ricerca di una vita sana! Consuma cosí sensazioni forti e magari anche qualche cicchetto di sostanze dopanti, per rimirare i propri muscoli ipertrofici e per raccontare le proprie prodezze ad altri assolutamente disinteressati dei suoi futili successi. Accanto ai commando di motociclette e di mountain bike che poco hanno da spartire con i valori della montagna, proliferano cosí strani sport estremi che fatico a pronunciare: bungee jumping, volcano boarding, crocodile bungee, limbo skating, wing walking, speed climbing, paragliding... «Cercatori di divertimento che ignorano qualunque pericolo», li definisce Messner. Sorseggiare semplicemente un pastis davanti al Pic de Rochebrune leggiucchiando Hesse è da coglioni, a quanto pare. L'attuale paradigma economico e sociale basato sulla crescita deve sempre essere piú veloce, piú in alto, piú avanti. Stimola continuamente la competizione fra tutti gli esseri umani, è causa di accelerazione, alienazione, stress, esclusione e conflitto. Perché in genere nelle competizioni c'è un solo vincitore, e un'infinità di perdenti. La nostra economia distrugge cosí noi stessi e le basi naturali della vita. Forse una nuova società piú consapevole dei nostri limiti come persone e di quelli fisici nei confronti dell'ambiente potrebbe essere fondata sulla cooperazione, la solidarietà, la cura e l'attenzione per l'ambiente, la decelerazione e la convivialità. Allenare un po' piú i muscoli del cervello potrebbe rivelarsi piú utile che occuparsi solo di quelli dei polpacci. L'umanità deve mettersi in testa che fa parte del complesso sistema ecologico planetario, competere per arrivare primi – peraltro non si sa dove – lascerà dietro una scia di macerie fumanti. Dice Macfarlane in *Montagne della mente*: «Per quanto mi riguarda, ho smesso da tempo di rischiare. Di rado mi avventuro in imprese che richiedono la sicurezza della corda. [...] Oggi per me il fascino delle montagne risiede piú nella bellezza che nel rischio, piú nella gioia che nella paura, piú nello stupore che nel dolore, piú nella vita che nella morte». Quindi lasciamo perdere la competitività, in fondo non è una bella parola, e pensiamo che in montagna possiamo fare mille altre esperienze piú culturali che agonistiche, fonte di soddisfazione e conoscenza da condividere con gli altri con gioia e spirito di collaborazione.

Lunedí 30 settembre 2019

Fatto il rivestimento in muratura e intonaco del camino. Fatto il primo pane con grano del Vazon coltivato da Giorgio A. Verso sera si odono i bramiti dei cervi. Abbiamo cenato nel nuovo appartamento, ma il cantiere prosegue lento, estenuante. Dicono che il viaggio sia piú interessante della meta. Però almeno una nuova tappa ci piacerebbe raggiungerla...

Domenica 13 ottobre 2019

Minima 5 gradi, massima 13, tiepido, soleggiato ma con foschia, i larici iniziano a ingiallire, prati secchi, effetto steppa. Raccogliamo i frutti di rosa canina per fare la preziosa marmellata, in patois *marmlade* o *confiture d'arguransia*, il cespuglio è detto invece *gratachiú*.

Lunedí 14 ottobre 2019

Al mattino una mandria di vacche e un gregge di capre scendono a valle dall'alpeggio di Millaures, passando come da tradizione per il centro della borgata. Suoni di campanacci decorati per le grandi occasioni (i *rudun*), richiami dei pastori (*tèi-tèi-tèi*) e abbaiare di cani. Qualche vaso di fiori cade dai muretti sotto le possenti spallate bovine, uno strato di letame costella il suolo dopo il transito della mandria, ma è tutto alpestremente corretto. Non siamo a livello della *Züglete* che incede con gran sfoggio di animali ornati da corone floreali per il centro di Gstaad, ma certo è un momento che celebra riti millenari anche qui, con in piú tutta la spontaneità di un avvenimento non programmato sulla brochure dell'ufficio turistico. A far da spettatori siamo in quattro.

Domenica 20 ottobre 2019

Dalle 16 di domenica alle 19.30 di lunedí 21 ottobre al Rifugio Rey cadono ben 93 millimetri di pioggia costante, una delle piú abbondanti della serie. La quota neve è oltre i 2800 metri, Chaberton appena imbiancato, Fraiteve senza traccia di neve, aria tiepida, 6 gradi a Vazon. Il paesaggio vira lentamente al giallo dei larici, ma ancora domina il verde. In casa il rivestimento delle pareti procede lento con le nostre antiche tavole che il falegname Fabrizio porta in laboratorio a Coazze per la spazzolatura e il taglio e poi riporta su per la posa. Siamo fortunati a usare il nostro legname ultrastagionato trovato nella soffitta di casa, ora il legno vecchio viene da Polonia, Russia, Romania dove smontano e svendono edifici storici, in cambio del cartongesso, per rivestire ricchi chalet in Italia, Francia, Svizzera. Qui in Italia l'abbiamo del resto buttato via cinquant'anni fa nello stesso modo…

Mercoledí 30 ottobre 2019

Tra i colori autunnali dei larici giriamo una serie di brevi video sull'importanza dell'isolamento termico nel recupero degli antichi edifici. La casa, non ancora terminata, è già un laboratorio concreto di sostenibilità.

Giovedí 31 ottobre 2019

Tempo nebbioso, umido, installata nell'orto la stazione meteo automatica, ecco i primi dati: 0,8 millimetri di pioviggine, temperatura 4 gradi, umidità relativa 99 per cento: si potrà consultare anche dal telefonino e sarà a disposizione di tutti. Il frassino di fronte alla casa, che ombreggia i tavoli del rifugio, sta perdendo le foglie, restituendoci un po' del panorama sottratto d'estate. Gli perdoniamo questa cortina fronzuta perché è albero sacro, il primordiale «asse del mondo», l'Yggdrasill dell'*Edda poetica* norrena, che attinge dalla terra e dal cielo segrete forze dispensatrici di saggezza e umori vitali. Piú in là, tremoli e larici sono una festa di giallo. Raccogliamo gli ultimi cavoli e pure due pomodori ancora verdi, non ce l'hanno fatta a maturare, ma tra qualche anno ce la faranno, e non sarà un bene. Finalmente funziona la cucina, è stata collegata la piastra a induzione e l'idraulica del lavello, evviva, si mangia comodi!

Venerdí 1° novembre 2019

Nebbia, 4 gradi. Anche di festa il falegname è al lavoro per il rivestimento di legno interno, ormai restano pochi giorni prima della chiusura invernale del cantiere. Mentre rigiriamo alcuni travi polverosi per scegliere quelli piú adatti alla boiserie, sorpresa: vedo apparire un'iscrizione su un lato. Ferma tutto, guardo meglio, non ci posso credere, è una data incisa con una punta: 1736. Questo tronco squadrato di quasi tre secoli farà da stipite a una delle librerie. Pranzo di Ognissanti tutti insieme nella vecchia cucina. Sono ormai piú di tre giorni che siamo nella nebbia con deboli piovaschi intermittenti e temperatura sui 3-4 gradi, tempo tipico dei Santi, la stufa è accesa, si sta in casa, sul tavolo fumano cavoli, patate, salsicce e caldarroste.

Sabato 2 novembre 2019

Sempre nella nebbia, nulla è cambiato ma i modelli meteo mostrano l'avanzata da sud-ovest della perturbazione collegata alla tempesta atlantica Amélie. Qualche goccia nel pomeriggio, passiamo la serata a cena da Carmen, la loro stufa di ceramica verde è bollente, e, come atteso, verso le 22 usciamo nello stradello e piove piú forte, la temperatura è scesa a due gradi. Qualche fiocco di neve bagnata potrebbe vedersi anche qui, ma sembra che la quota pioggia-neve sia sui 1800 metri. Un'ultima bracciata di legna nel camino e verso le 23 spegniamo la luce. La notte è buia, ma verso le due percepisco un bagliore inconfondibile: i tetti sono bianchi di neve, la temperatura è scesa improvvisamente attorno a 0,5 gradi. Al mattino ecco il paesaggio mutato, la giostra delle stagioni che ha fatto il suo corso, tutto bianco, tre centimetri molto umidi, ma fiocca da paura, grandi cristalli che si generano in quota e cadono senza tregua come da un setaccio. Volevo essere presente alla prima nevicata della stagione ed è capitato, con in piú il gusto della sorpresa, non solo pioggia mista a neve, ma quei pochi decimi di grado in meno sufficienti a trasformarla in una vera nevicata dal sapore invernale. Continua per tutta la mattina, a riprese ora intense a fiocchi grandi, ora piú fini, sempre bagnati, ma il manto riesce ad arrivare a 5 centimetri di spessore. Ora il guscio-di-legno, sebbene non ancora terminato, rivela tutta la sua confortevole accoglienza, temperatura ottimale, asciutto, vista della neve su due lati, stufa accesa, colazione a base di marmellate dei ribes della siepe qui sotto e rosa canina delle praterie alpine. L'isolamento termico ha prestazioni eccezionali, dopo qualche ora di fuoco tocca spegnere perché fa troppo caldo, e poi per almeno 12 ore il calore si mantiene. Nevica fitto, bisogna andare a dar un'occhiata alle capre di Giorgio nei campi a est della borgata: sono tutte riunite sotto un ampio larice, ne brucano gli aghi ingialliti, mentre il cane pastore maremmano le controlla. Tra nebbia e neve, è quasi mezzodí, fa piacere rientrare in casa: Franco V., salito brevemente a controllare la propria casa, si ferma a prendere un caffè, poi anche Carmen e Mario, insomma, tutti seduti a tavola si chiacchiera di antiche storie del Vazon. Continua a nevicare, ma è umida e non aumenta piú di spessore. Una pasta alla carbonara illumina il pranzo nella luce grigia e nevosa. Intanto «Le Dauphiné Libéré» riporta sulla sua pagina web i danni della tempesta Amélie: gravi effetti sulla costa atlantica, venti fino a 163 km/h a Cap Ferret, presso Bordeaux, alberi sradicati, 140 000 abitazioni senza luce, treni soppressi, nubifragi e frane a Marsiglia, a Nizza e in Liguria. Nelle Hautes-Alpes chiusi per neve il colle della Scala e l'Izoard. Piú a sud chiusi l'Allos e la Cayolle, le ultime raffiche di Amélie sono ancora riuscite a far danni fino a Digne e Sisteron. Qui invece solo una tranquilla nevicata autunnale! Alle 14 improvvisamente la nebbia si solleva, il cielo si apre, arrivano schiarite e qualche raggio di sole, tutto sgocciola, la temperatura è sui due gradi. Esco a fare ancora qualche foto al tramonto, tra qualche confuso raggio di sole che dallo Chaberton si fa strada tra le nebbie. I pioppi tremoli tutti gialli fremono al vento da ovest che comincia a levarsi. Sul sentiero di Soubras sento dei versi lontani: in cielo tra squarci d'azzurro, un inatteso stormo di oche selvatiche volteggia a piú riprese su Vazon e poi assume la formazione a V e si dilegua dietro le montagne. Momento magico. Rientro tra le case, ancora qualche foto, passa un'auto, si ferma: sono Sergio e Patrizia del Soubras, in rientro da una caccia fotografica, occasione per un altro caffè insieme. Quanto a rapporti sociali nella borgata solitaria sotto la neve non c'è male: abbiamo visto piú persone qui che in città... Ora vanno via veramente tutti, restiamo soli nel tramonto sgocciolante, è ora di accendere il camino, mentre il vento da ovest disperde le ultime foglie del frassino.

Domenica 3 novembre 2019

Fuori ancora tracce della nevicata precoce. In casa, seduti al vecchio banco da falegname diventato tavola da pranzo, mentre prendiamo un aperitivo, Franco V. racconta storie locali.

Il Dottor Kreiner.

Il capitano medico Adolf Kreiner (1908-1986), austriaco di Innsbruck, ufficiale sanitario della Wehrmacht, dopo essere rientrato dalla Campagna di Russia e aver provato il gelo della steppa invernale, viene destinato al campo di aviazione militare di Oulx e attrezza il piccolo ospedale militare tedesco nell'edificio oggi sede di un ente di formazione professionale. Kreiner non lesina assistenza anche ai civili, non fa domande scomode e cura pure qualche partigiano assumendosi grandi rischi personali, ma le voci corrono e nel febbraio 1945 il comando superiore tedesco lo allontana da Oulx. Per qualche tempo finisce in campo di concentramento. Superate le vicende belliche decide di tornare a Oulx con la moglie Hilde e si installa in via Roma per esercitare la sua professione medica, finalmente in tempo di pace, guadagnandosi stima e rispetto da parte di tutta la popolazione, nonché la cittadinanza onoraria ulciense. Il 1° gennaio 1950 chiamato dai familiari del giovanissimo Franco, scesi di corsa in paese per avvertirlo, raggiunge Vazon da Soubras con gli sci, poco dopo una nevicata, e opera il bambino di appendicite, steso sul tavolo della cucina adibita a improvvisata sala operatoria. Il convalescente verrà poi messo al caldo nella stalla, in ambiente non proprio sterile, ma ora è qui davanti a noi, perfettamente guarito! Altri tempi… A Vazon si abitò stabilmente tutto l'anno fin verso il 1953.

Lunedí 4 novembre 2019

Secondo Blower Door Test per la certificazione CasaClima. Giornata nebbiosa, verso le nove ecco l'équipe dei certificatori. Sono certo che dopo i lavori di correzione degli spifferi trovati a settembre sarà un gioco da ragazzi: azioneranno la ventola e via, timbro, firme e a mezzogiorno scendiamo a valle. Invece no. Ci sono ancora piccole perdite dalle travi, dalle guarnizioni della porta, dalle canne fumarie e dalle ventole di aerazione. I test si susseguono in un clima di sempre maggiore sconforto mio e dei progettisti. Accidenti, ma è cosí difficile restare dentro i parametri? Alla fine l'involucro ce la farà a passare il test, ma le canne fumarie di stufa e camino mandano fuori limite la circolazione dell'aria. Altro che andar via a mezzogiorno con il certificato in tasca! Alle 14 tutti un po' delusi, si rimpacchettano gli strumenti e si chiude casa con un punto interrogativo. Scendo di corsa perché alle 17 devo fare lezione in università a Torino su clima ed efficienza energetica: come sempre la teoria è diversa dalla pratica e la lezione oggi a me l'ha data la casa.

Mercoledí 13 novembre 2019

Bolzano, sotto pioggia dirotta e neve, che osservo dalle finestre dell'Hotel Laurin, mentre Venezia è in ginocchio per l'acqua alta da 187 centimetri, la seconda piú grave dopo quella del novembre 1966. La webcam di Oulx mostra invece cielo azzurro e boschi dorati, sarà l'ultima giornata di sole in attesa di un'intensa nevicata il 14 novembre che chiuderà la strada per tutto l'inverno. Nell'incontro con l'agenzia CasaClima qui a Bolzano, valutiamo i risultati del test. È superato con successo per quanto riguarda l'involucro isolante, ma sugli apparecchi scelti per il riscaldamento diciamo che è responsabilità dell'occupante decidere cosa fare. Va bene, vorrà dire che dalle canne fumarie di stufa e camino passerà un po' d'aria in piú, ma senza fiamma la casa non è casa. Evviva, ora siamo certificati. Intanto Sofia è salita in auto a fare gli ultimi controlli. È un momento simbolico, da domani la montagna comoda unita via automobile dal nastro asfaltato tornerà a essere severa e isolata per cinque mesi. È un bene o un male? Potremo salire, ma solo a piedi, due ore e niente comodità meccanizzate. Il falegname non è potuto venire negli ultimi giorni di sole e ci ha piantati in asso con l'alloggio da finire… Occorre ancora tanta pazienza, riprenderemo i lavori al disgelo.

Artigiani eccel-lenti.

Peter Mayle da londinese abituato ai ritmi frenetici della city si scontra con le sonnacchiose abitudini delle imprese edili del Midi francese: la sua ristrutturazione va avanti con tempi dilatati, imprevedibili, gli artigiani fanno procedere il cantiere a singhiozzo, seguendo i ritmi del loro piccolo intorno sociale, le esigenze del calendario rurale. Domani non si può, c'è la vendemmia, c'è la raccolta delle olive, o fa troppo caldo, il cemento si crepa, o troppo freddo, il cemento gela. Le richieste di appuntamenti precisi cadono nel vuoto, con risposte vaghe che impediscono ogni programmazione, creando nel committente frustrazione e rassegnazione. «Quando venite a montare l'impianto?» «Presto». «Appena possibile». «Risentiamoci tra una settimana». Mayle la butta sul ridere: è cosí, bisogna adattarsi e pazientare, ma si percepisce la sua sofferenza di dover sopravvivere per mesi e mesi in una casa tra mucchi di macerie, cartoni alle finestre, tubi e cavi volanti. La Provenza è piú o meno sulla stessa latitudine del Piemonte, e la situazione delle imprese artigiane la stessa. I professionisti validi, competenti, appassionati sono pochi e per questo ambitissimi e sommersi di lavoro. Li devi pregare come fossero capi di Stato, metterti – tu che sei il cliente – a loro disposizione: l'agenda deve essere pronta a essere liberata in un lampo per approfittare del loro preziosissimo appuntamento. «Domani? Sí, sí, certo, sarò sul cantiere alle otto». E fai subito due telefonate per annullare i tuoi appuntamenti. «Ehm, mi spiace, un imprevisto, qualche linea di febbre...» Gli artigiani edili sono il tassello piú importante della ristrutturazione, sono quelli che fanno il lavoro vero, che trasformano il progetto in realtà. Dalla loro abilità dipende il risultato finale, dai loro errori sorgono conseguenze irreversibili per i secoli di durata di un edificio. Per questo li devi scegliere con cura, li devi coccolare e accettare come sono. Devi essere pronto a stracciare il cronoprogramma dell'architetto e vivere alla giornata, nell'attesa spasmodica di una telefonata che confermi il tuo turno. Ovviamente vince il cliente che urla di piú, minaccia di non pagare la fattura, ma sarà una vittoria di Pirro, il nostro uomo quel giorno ti accontenterà brontolando e maledicendoti, ma forse lavorerà di malavoglia e te la farà pagare piú tardi. Quindi non resta che chinare il capo e accettare i loro tempi, facilitando in tutti i modi il loro lavoro: «Dottore, non è venuto proprio come da progetto, che facciamo, vuole che smontiamo? Ci vorranno un paio di settimane ma vedrà che facciamo quadrare tutto...» «Per carità, va benissimo cosí, anche se un po' storto non è poi cosí brutto, anzi, perfino meglio dei disegni, vada pure avanti, finisca, finisca, ho bisogno della doccia, del lavello, dell'armadio, del tetto...» Ho visto con i miei occhi tantissime ristrutturazioni montane languire anni e anni, logorare i proprietari fino alla rassegnazione e alla delusione, per la burocrazia progettuale unita alla lentezza e intermittenza dei lavori, piú che per la mancanza di soldi. Se poi, nel nostro caso, aggiungiamo i sei mesi di fermo invernale per neve, l'agosto di fermo turistico e la strada che crolla nei pochi mesi in cui è aperta, allora possiamo tranquillamente moltiplicare per tre i tempi di esecuzione. La stima per ora è sei anni al posto di due. Nonostante tutte queste lunghe attese, e i tanti momenti di scoraggiamento, i nostri artigiani rimangono i veri protagonisti del successo della ristrutturazione, senza di loro sarebbe tutto rimasto un mucchio-di-pietre. Soluzioni per risolvere questa cronica mancanza di professionisti ed evitare di consegnare il settore a un'ennesima multinazionale del restauro chiavi in mano? Un lungimirante investimento politico in formazione, informazione e minori ostacoli burocratici per spingere i giovani a riprendere i mestieri artigianali in via d'estinzione e aprire un maggior numero di piccole imprese di qualità che eseguano questi interventi con cura, competenza, gusto, conoscenza della tradizione e capacità di innovazione. Ci si lamenta tanto che manca lavoro. Non è vero, manca la voglia di farlo.

Venerdí 15 novembre 2019

Trenta centimetri di neve da Salbertrand in su, tutta l'alta valle è bianca ma le strade sono pulite, il sale è stato sparso, si circola ottimamente. Conferenza serale sul clima in sala consiliare a Oulx, destinata agli studenti. Scuola di cittadinanza organizzata dal professor De Marchis. Importanza di riprendere contatto con il territorio, importanza della manutenzione, importanza delle piccole opere, proprio mentre le cronache sono piene del disastro causato dall'acqua alta a Venezia: il megaprogetto della diga mobile Mose non ha funzionato, ma da trent'anni ha assorbito tutti i soldi eliminando ogni altro lavoro di ordinaria manutenzione.

Il futuro della montagna: valli olimpiche o Alpi ecologiche?

Per quindici giorni nel febbraio 2006 l'Alta Valle di Susa ha ospitato i XX Giochi olimpici invernali. Una breve fiammata di fuochi d'artificio, competizioni sportive e dirette televisive presto dimenticata nel turbinio delle millemila iniziative mondiali. I comuni turistici del comprensorio della Via Lattea si sono però staccati dall'Unione montana Alta Valle di Susa – di cui fanno parte Oulx, Bardonecchia, Salbertrand e gli altri centri fino alle porte di Susa, per diventare Unione montana comuni olimpici Via Lattea: Sestriere, Sauze d'Oulx, Cesana, Claviere... Il ricordo dell'evento sportivo, piú che un attrattore turistico, invero abbastanza debole, è piuttosto connesso con i grandi costi e danni ambientali che ha prodotto: le Olimpiadi non sono mai il modo migliore per spendere denaro pubblico, lo provano le scomode eredità e i debiti in tutto il mondo. Lasciando perdere le infrastrutture, peraltro oggi decadenti, costruite a Torino, guardiamo a questo territorio alpino. La pista da bob di Cesana Pariol è costata 140 milioni di euro e il suo serpente cementizio ha avvinghiato per sempre un versante coperto di pascoli e larici secolari. Dopo il breve utilizzo per le gare ha subito un degrado che l'ha resa un rudere spettrale, depredata da continui furti di rame dei cavi elettrici, trasformatasi in bomba ecologica per le 50 tonnellate di ammoniaca contenute nell'impianto refrigerante privo di sorveglianza, al punto da essere smantellata nel 2011 per motivi di sicurezza ambientale. Il danno e le beffe. Soldi buttati, ambiente violentato. Nel 2000 il comitato organizzatore presentò al Coni gli studi che ne sconsigliavano la costruzione, le gare di bob potevano essere disputate sulla vicina pista francese di La Plagne. Il Coni si impuntò, ne andava dell'onor patrio. E poi vuoi mettere? Sviluppo, crescita, cantieri, posti di lavoro, turisti da tutto il mondo, un futuro roseo, tutti sarebbero venuti qui a praticare bob! La stessa storia si è ripetuta con il trampolino di salto sugli sci di Pragelato. Un altro versante sventrato dal calcestruzzo, oltre 37 milioni di euro per la costruzione, oltre un milione di euro di manutenzione annuale. Si poteva usare quello di Albertville, reduce dalle Olimpiadi 1992, a poca distanza. Niente da fare, avanti con le ruspe e le betoniere. Oggi ci crescono su le ortiche. E poi ancora l'impianto del biathlon di San Sicario, da sei milioni, e tante altre opere di cui non so fare il conto. Complessivamente Torino 2006 è costata tre miliardi e mezzo di euro. Soldi in gran parte dei cittadini. Quante borgate alpine avremmo potuto ristrutturare per sempre, offrendo al territorio resilienza e bellezza durevole e non una manciata di lustrini che si è depositata su ruderi inutili, brutti e costosi? Ci resta forse solo la fibra ottica stesa per cablare i comuni olimpici, ma l'abbiamo pagata salata! Su qualche cartello cadente con i cinque cerchi c'è scritto il motto di quella arrogante stagione della conquista alpina da parte di divisioni di bulldozer e reggimenti di betoniere: PASSION LIVES HERE. Cosa potremmo scrivere oggi? Qui giacciono i resti olimpici? Io stesso partecipai al comitato «No Olimpiadi», evidenziando l'inutilità di investire in grandi impianti per sport invernali in epoca di riscaldamento globale. Ovviamente fui ostracizzato come uno dei soliti ambientalisti che dicono no a tutto ed etichettato come Cassandra climatica. Certo che dico no: no allo spreco, no all'imposizione delle grandi opere inutili e dannose. Ma a poco serve piangere su quei ruderi e dire «avevamo ragione noi». Nei primi anni Duemila c'erano già tutte le visioni di futuro sostenibile ed ecologicamente corretto di cui continuiamo a parlare ancora oggi. Non si sono volute percorrere. Eppure se oggi queste valli invece che Olimpiche si chiamassero Ecologiche e Latine non sarebbe stato meglio? A ricordo di due millenni di storia, dall'antichità classica alla contemporaneità dell'ambientalmente corretto. Siamo pure nel bel mezzo della comunità ALCOTRA, Alpi latine cooperazione transfrontaliera, che tra i suoi quattro obiettivi annovera anche un «ambiente sicuro». Il futuro della montagna non è un parco giochi, una Disneyland di plastica per spremere un turismo dozzinale che piú che mosso da interesse per la scoperta alpina viene qui per ubriacarsi e sballarsi lontano da casa. Il turismo ispirato al motto olimpico «Citius! Altius! Fortius!» (Piú veloce! Piú in alto! Piú forte!) è ormai indifendibile. Sono parole retoriche, che sanno di vuota conquista dell'inutile, di irrequietezza foriera di conflitto, completamente inadatte a ciò che oggi conosciamo del pianeta: un sistema complesso, fragile, dalle dimensioni finite, dove andare sempre piú veloci ed esprimere sempre piú forza significa degradare irrimediabilmente i processi bio-geo-chimici e climatici che ci tengono in vita. Abbiamo bisogno semmai di valori sostitutivi piú adatti a un futuro sostenibile, come Alex Langer disse ad Assisi nel 1994: «Io vi propongo il *lentius*, *profundius* e *soavius*, cioè di capovolgere ognuno di questi termini, piú lenti invece che piú veloci, piú in profondità, invece che piú in alto e piú dolcemente o piú soavemente invece che piú forte, con piú energia, con piú muscoli, insomma piú roboanti. Con questo motto non si vince nessuna battaglia frontale, però forse si ha il fiato piú lungo». In montagna il fiato lungo serve molto piú dell'exploit aggressivo che usura il territorio, come i profondi solchi delle mountain bike su sentieri adatti soltanto a piedi piú lenti. È una questione di sottili equilibri tra forze fisiche nelle quali noi ci inseriamo senza riflettere sulle conseguenze: i vincoli sono la forza di gravità, la piovosità, la vita vegetale. La velocità di un passo leggero o di una ruota scatenata in quel contesto fa la differenza tra una prateria fiorita e una frana. Reinhold Messner nel suo maturo e un po' triste pamphlet *Salviamo le montagne* (2020) denuncia tutto ciò, una montagna trasformata in bene di consumo e in palcoscenico per il culto della forma fisica. Si augura che rimanga, almeno nel regno dei nevai e delle pietraie, un frammento di mondo primordiale, uno «spazio esperienziale» selvaggio e silenzioso nel cuore di quest'Europa intaccata fino all'osso dall'urbanizzazione, dal fracasso e dallo sfruttamento illimitato di ogni sua risorsa. Sotto questa ideale curva di livello ormai tra eccesso di turismo e di infrastrutture, molte regioni di montagna sono irrimediabilmente compromesse. Messner invoca rallentamento dei ritmi, silenzio e moderazione, per cogliere il significato profondo della nostra esperienza di vita, ma anche una riduzione del numero dei fruitori, a costo di sembrare elitari, altrimenti «in montagna i turisti finiscono per distruggere proprio ciò che li attira». Già nel 1925 in *La città turistica nel Sud* Hermann Hesse si lagnava di questa tendenza percepibile in nuce nel turismo ticinese: «È noto che il cittadino va in estasi per la natura, i luoghi idilliaci, la pace e la bellezza.

Ma è noto altresí che tutte queste belle cose a cui tanto anela, e delle quali fino a pochi anni fa la terra era ricca, non le digerisce per niente, non le tollera proprio. Ma siccome le vuole comunque e si è fissato sulla natura, qui gliene hanno costruita una senza natura, senza pericoli, igienica, denaturata, cosí come esistono il caffè decaffeinato e sigarette senza nicotina. [...] si aspetta una natura completamente sottomessa all'uomo e trasformata dall'uomo, una natura che gli assicuri stimoli e illusioni, ma che sia docile e non avanzi pretese, una natura in cui potersi comodamente inserire con tutte le sue esigenze e abitudini cittadine». A Vazon vediamo i segni di questi eccessi sul versante di fronte, mentre possiamo ancora godere di una relativa tranquillità rurale e forestale, interrotta da qualche week-end estivo un po' piú affollato di escursionisti e biciclette ma ancora tollerabile. Però ora che ve ne ho parlato, per favore non venite tutti insieme a curiosare sotto la mia porta, sono spazi fragili che non reggerebbero a un maggiore impatto. Non voglio contribuire a distruggere un luogo facendone un *topos* letterario unico, ma al contrario vorrei che fosse esemplificativo di un universo montano diffuso. Andate anche nelle mille e mille altre borgate montane abbandonate. Nei *Villaggi dai camini spenti* fotografati da Alberto Folgheraiter in Trentino, o in quelli dove *Solo il vento bussa alla porta* raccontati già cinquant'anni fa da Aldo Gorfer. Vorrei che questa storia mettesse le basi per tante altre esperienze replicabili, che contribuisca a risolvere problemi e non a generarne di nuovi. Il naturalista Gavin Maxwell ricorda che «la primavera che seguí la pubblicazione dell'*Anello di acque lucenti* (1960), segnò bruscamente la fine della segreta intimità di Camusfearna. Molti di coloro che avevano letto il libro videro nel travestimento del nome dei luoghi una sorta di sfida e si misero d'impegno per identificare e visitare il luogo; ne arrivarono a centinaia, e poiché all'inizio non volevamo apparire villani, l'andamento di casa, un tempo assai regolato, divenne caotico». Lo stesso capitò a Peter Mayle in Provenza, al punto che la coda di visitatori alla sua casa provenzale dopo la pubblicazione di *Un anno in Provenza* lo costrinse a trasferirsi!

Venerdí 22 novembre 2019

Triennale di Milano, World Forum on Urban Forests, con Stefano Boeri a parlare di clima e alberi, di recupero dei territori marginali. Uscito dall'incontro mi avvio verso Cadorna nel piovoso pomeriggio e sotto a platani e tigli del Parco Sempione penso al nostro lariceto dietro al Cotolivier, al valore di quei vetusti guardiani lignei del cielo montano cosí lontani dalla rumorosa città. Domani è attesa una gran sciroccata e quota neve a 1800 metri, pioggia piú in basso che dovrebbe ripulire la strada. Magari riusciamo a salire in auto per il week-end. Mentre il treno rientra a Torino in ritardo, conviene sempre aggrapparsi a un sogno.

Sabato 23 novembre 2019

E infatti piove, piove forte con lo scirocco, la neve cade forse soltanto oltre i 1500 metri, vai che domani si sale in macchina...

Domenica 24 novembre 2019

Notte di pioggia dirotta in pianura, allerta della protezione civile, fiumi in piena. All'alba do un'occhiata alla webcam di Oulx: no, non ci posso credere: tutto bianco! Ci saranno 5 centimetri di neve: nelle ultime ore lo scirocco si è calmato e la temperatura nella conca valliva è scesa improvvisamente. Ora la strada è tutta innevata, cosa vogliamo salire a fare? La montagna continua a darci lezioni, si fa ciò che vuole lei non ciò che vogliamo noi. Accidenti, un piccolo effetto meteorologico locale ha cambiato i nostri piani. A mille metri piove su tutte le Alpi occidentali, meno che a Oulx dove nevica alla grande! Di solito è il contrario... Però alla fine decidiamo di salire comunque, vorrà dire che cammineremo un po' di piú. Compriamo un paio di kebab dall'egiziano lungo la strada per non aver da cucinare all'arrivo. Pioggia dirotta lungo la statale 24 fino a Salbertrand. Poi improvvisamente a Pont Ventoux il suolo s'imbianca, al Gad fiocca a larghe falde e ci sono 10 centimetri al suolo. La montagna stupisce sempre! Si tratta di un effetto di fondovalle: cessato il vivace vento tiepido di scirocco, per fenomeni morfologici locali la neve che cadeva fino a quota 1500 metri ha raffreddato la piccola sacca d'aria ora immota nella conca ed è riuscita a scendere fino a quota 1100 metri. Alle 14 siamo all'imbocco di strada Cotolivier, una decina di centimetri di neve bagnata copre l'asfalto, ma qualcuno è già passato, e sprona a ripercorrerne le tracce. Dai, ogni metro di dislivello guadagnato ci abbrevia la salita a piedi, primo tornante e si va ancora, ma al secondo tornante, al bivio per Château Beaulard lo spessore aumenta e decidiamo di fermarci e parcheggiare. Se non sapessi che nelle ore successive girerà tutto in pioggia e lo zero termico andrà a 3000 metri non rischierei di lasciar l'auto in quel bosco a 1400 metri, potrebbe gelare tutto e rendere la discesa penosa. Però per precauzione montiamo le catene nella gelida fanghiglia e ci giriamo muso a valle. È fatta, ciaspole ai piedi e zaini in spalla alle 14.30. La neve comincia a essere piú consistente da Pierremenaud. Incontriamo un tizio a spasso con il cane e un runner con scarpette da ginnastica fradicio come un pulcino, non alza nemmeno la testa preso dalla sua prestazione. Noi con l'ombrello saliamo lenti con le ciaspole, ma almeno sfruttiamo la sua traccia battuta. Sono le 15.30 quando nella foresta la traccia devia e non sembra piú affidabile. In un attimo, mentre la neve si sta ormai trasformando in pioggia e la luce del pomeriggio coperto già comincia a scemare abbiamo come l'impressione di esserci persi. Ovviamente è solo una suggestione data dalle condizioni meteo, perché il territorio lo conosciamo e la strada asfaltata è appena sopra di noi, basta puntare sempre a monte e siamo obbligati a incrociarla. Ma i tronchi in penombra dei larici slanciati come colonne ci isolano in un ambiente solenne e apparentemente ostile dal quale sentiamo di doverci togliere prima del buio. È ora di controllare il navigatore sul telefonino: San GPS aiutaci tu… Ma piove: tra ombrello, guanti, schermo bagnato, non si vede nulla. Accidenti, scivolo all'indietro ed eccomi a gambe all'aria nella neve umida. È facile trovarsi in difficoltà anche a pochi metri da casa, non c'è bisogno del trekking nel Grande Nord! Mi rialzo a fatica aiutato da Sofia ed eccoci tornati alla supertecnologia satellitare: bene! La strada è ad appena 100 metri sopra di noi, ma nel grigio non la distinguiamo ancora. Vedo intanto dei messaggi sul telefono: la grande depressione alluvionale Luis sta facendo danni sull'Appennino ligure: è appena crollato un viadotto sulla Torino-Savona, fortunatamente senza vittime. Incassata la notizia pensiamo a quanto i cambiamenti climatici possono metterci a tappeto in un attimo. Ripartiamo facendo una nuova traccia fra i grandi tronchi verticali, la pendenza aumenta ma il manto nevoso sotto i larici ora è piú compatto a causa della caduta dei groppi di neve dai rami, si avanza dunque abbastanza bene. Ecco la strada appena sopra di noi. Ora è Sofia che scivola da una piccola scarpata, l'ombrello in effetti è un impiccio, sento il suo richiamo d'aiuto e torno indietro. Ok, tutto ok, e vien da ridere se pensi alle pene della ritirata di Russia raccontate da Rigoni Stern: qui siamo in vacanza, ben equipaggiati a un chilometro da casa… eppure in un attimo si diviene fragili ed esposti al passo falso, al freddo, all'imprevisto. Eccoci sulla strada, ma ora, attorno ai 1500 metri, improvvisamente la neve si fa piú spessa, ce ne sarà mezzo metro di fresca, non ci sono altre tracce e tocca battere piano piano per non affaticarsi troppo. A turno ci diamo il cambio in prima posizione, le ciaspole sprofondano, la neve umida si attacca di sotto e di sopra, pesano come piombo, avanziamo mezzo metro a passo, un metro due passi, cambio dopo trenta passi, appena 15 metri percorsi. Però il paesaggio è grandioso. Si esce dal bosco, ancora immersi tra nubi dense e fiocchi bagnati, i larici, ornati da ricami superbi, sono ancora vestiti di aghi dorati e per questo con molti rami schiantati dal peso della neve. Ecco che compaiono le prime case di Vazon. Ora è questione di pochi passi ma la neve è alta qui 60 centimetri, e ci vorrà ancora mezz'ora prima di toccare la porta di casa alle 16.50. Sappiamo già che l'interno è una ghiacciaia, ci sono poco piú di tre gradi. Appena prima che cali il buio apriamo l'acqua e accendiamo le stufe, integrate anche da quella elettrica: eh, come si apprezza essere connessi alla rete che porta l'energia dalla civiltà anche quassú. La borgata è deserta, siamo i primi a fare impronte nella neve che intanto si sta trasformando in pioviggine, il termometro è salito di poco sopra lo zero. Fino alle 19 battiamo i denti, poi si supera la soglia dei 15 gradi e tutto diviene confortevole, il guscio-di-legno ben isolato esprime cosí la sua efficacia nel trattenere il prezioso calore fornito. Ci si può mettere a tavola per gustare avidamente i kebab. Ora nella calda luce dell'interno mentre Branduardi canta le sue antiche filastrocche dal computer ci si può sedere davanti al camino. Sistemo i libri che attendevano da un anno nei primi scaffali pronti. Ecco finalmente realizzarsi un altro pezzo di ciò per cui abbiamo faticato due anni. Leggo a caso *Il ciocco*, breve novella di Maupassant dove un tizzone ardente che rotola da un caminetto evita un adulterio. Verrebbe voglia di leggere tutto in una sera. Ma le ore passano veloci, ti senti un po' sfuggire la vita tra le mani. Cosa sarà della mia biblioteca dopo di me? Chi erediterà questa casa cosa ne farà? Dove andranno questi libri? La Casa Rossa di Hermann Hesse a Lugano è passata di mano in mano con vendite a privati e non è mai stata trasformata in fondazione né soggetta a vincoli di protezione. Un mondo tritatutto, gli interessi economici spazzano via ogni valutazione culturale e affettiva. Prima che il sonno abbia il sopravvento, torno al libro che è sul comodino da un paio di mesi, l'edizione francese, *Frères d'armes*, del saggio di Stephen Ambrose, sono cosí catapultato nelle trincee delle Ardenne con i giovani soldati americani della mitica 101st Airborne Division: neve, freddo, fame, paura delle granate e delle mitragliatrici tedesche. Noi, nati dopo, non ci rendiamo conto di cosa è stato quell'inferno. Qui, comodi sotto la termocoperta, con la neve fuori e non in trincea. Un grazie al capitano Winters mentre spengo la luce. Notte quieta, mentre la temperatura esterna sale ben sopra zero e inizia una lenta fusione nivale.

Lunedí 25 novembre 2019

Al mattino, ancora nuvoloso, in casa ci sono 15 gradi, un bel risultato con le stufe ormai spente e i tre gradi di ieri pomeriggio. Riaccendo il fuoco nella cucina economica nuova fiammante per una colazione come si deve. Spalmare sul pane tostato la gelatina di ribes raccolti qui sotto ad agosto non ha prezzo. Nello stesso tempo, niente abbuffate: l'aver faticato a portare su il cibo nei nostri zaini ci rende attenti e parsimoniosi, ci si fa bastare il necessario. Una telefonata mi invita a un talk show televisivo oggi pomeriggio. A Roma, in via Teulada dove ho lavorato per un paio d'anni. «Mi spiace, sono a mille chilometri da voi, e oltre a un treno o a un aereo mi separano 500 metri di dislivello a piedi nella neve!» «Ah, credevo fosse qui a Roma... sarà per un'altra volta!» In effetti ci sentiamo un po' isolati rispetto a una vita convenzionale. Ma pure privilegiati di esserlo in un mondo dove gli spazi selvatici sono drasticamente diminuiti. È l'occasione per interrogarsi su cosa si vuole dalla vita. Che cosa ci attrae quassú tra questi monti innevati e solitari? E che cosa ci manca dopo un po' che siamo qui? Quando siamo in un posto ne desideriamo un altro? Per ora l'alternanza città-montagna è un buon compromesso, le si può vivere entrambe, in giusta misura, in attesa di far pendere l'ago della bilancia piú dalla parte della montagna. Intanto il cielo si alza, c'è piú luce, andiamo a dare un'occhiata fuori, verso Soubras. Molti larici schiantati dalla neve bagnata, collosa: è anche questo un effetto del riscaldamento globale, troppo mite l'autunno, il gelo non è arrivato a far cadere le foglie e la neve si è posata su chiome ancora frondeggianti. Abbondante, perché il Mediterraneo caldo ha in serbo un sacco di vapore ed eccoti gli ingredienti per l'evento estremo. Mentre osservo il cielo, silenziosamente il Pic de Rochebrune inizia a emergere come un miraggio dagli stratocumuli, si apre qualche spiraglio d'azzurro, via via piú ampio. Ora anche la vetta fortificata dello Chaberton emerge dalle nebbie. Camminiamo nella neve sempre piú umida e compatta, rientriamo a casa mentre il sole sbuca dalla coltre di nubi, tutto stilla dalle tettoie, dalle gronde, blocchi di neve cadono dai tetti con tonfi sordi, piú che tardo autunno sembra il disgelo d'aprile, il termometro balza a sei gradi. Il sole in questi mesi è entrato nell'intaglio del colle dello Chaberton e da qui nel pomeriggio illumina la nuova cucina. Una luce viva e brillante sulla neve dell'orto, quella che due anni fa avevamo visto entrare dalla vecchia porta di legno senza vetri. Dove Sofia si era seduta su una seggiola sgangherata immaginando quest'angolo domestico che è oggi protetto da una solida finestra tecnologica a tenuta stagna. È proprio tutto diventato come da progetto, anzi da sogno. Questa luce calda che si spande con micro-ombre radenti sulle venature del legno, rappresenta un primo punto d'arrivo. Il tramonto del sole dietro la cresta di confine con la Francia alle ore 15.59 lascia dietro di sé penombre bluastre piú fredde, la temperatura è scesa a tre gradi ma poi si è alzato un po' di föhn ed è risalita a cinque, la neve continua a fondere invece di gelare come sarebbe normale. In casa i fuochi vanno, e mentre sulla stufa cuoce un risotto al radicchio, Radio svizzera classica trasmette il Concerto per pianoforte e orchestra numero quattro di Beethoven che credo sia la prima volta nella storia che risuona tra questi monti. Momenti intensi, da fotografare con l'obiettivo e con la testa. Ecco perché siamo qui...

Martedí 26 novembre 2019

Debole föhn tutta la notte, non ha gelato, minima 4 gradi, massima 10, fusione continua, sgocciolio, caduta neve dal tetto. Alba rosata, un sole velato sorge dai 2424 metri del Col Basset poco prima delle 9. In casa si notano i dettagli utili al miglioramento dei lavori. Il camino non tira bene, forse la canna fumaria non ancora isolata si raffredda troppo. Tutti i raccordi dell'acqua fredda si coprono di condensa, inclusa la vaschetta del wc, fortunatamente abbiamo scelto il monoblocco esterno, se fosse incassata dentro un muro sarebbe problematica. Inizia la procedura di chiusura casa: scarico dell'impianto idraulico, siringa per svuotare i sifoni. Alle 13 iniziamo la discesa a piedi, schivando e scavalcando decine di alberi schiantati dalla neve bagnata lungo la mulattiera nel bosco detta «dei naise», i vecchi maceratoi per la canapa. Alle 14.30 ritroviamo l'auto e rientriamo a valle.

Domenica 1° dicembre 2019

Di nuovo a Milano, sotto la pioggia intensa dello scirocco: consulto internet, al Rifugio Rey ben 60 centimetri di neve fresca con manto totale a 120 centimetri. Nevica basso, fino a Oulx, chissà che spettacolo lassú, ma si può solo immaginare... Peccato non poterci essere. Nelle settimane successive continui viaggi: a Roma incontro il ministro dell'Ambiente e in San Giovanni in Laterano commento la *Laudato Si'* di papa Francesco con il cardinale vicario; a Milano in conferenza stampa per la Commissione europea all'annuncio del Green Deal; a Frassinoro, nell'Appennino modenese, a riflettere di futuro dei territori montani; Vazon è lontana, la seguo solo dai dati meteo che arrivano sul mio telefonino e mi dicono che la casa è attiva.

Venerdí 13 dicembre 2019

Nevica mentre mi trovo a Torino per la visita lampo di Greta Thunberg in una piazza Castello piena di giovani: riusciranno questi ragazzi, che stanno prendendo coscienza dell'enorme rischio climatico che incombe sul loro futuro, a scuotere il mondo dall'indifferenza? Per ora non sono ancora né in numero sufficiente né sufficientemente determinati, ma almeno hanno iniziato un cammino di impegno e di consapevolezza che affianca noi ricercatori nella militanza ambientale. Serve ancora tanto lavoro, nostro e loro, la sfida che abbiamo di fronte è gigantesca. Intanto la neve cittadina se ne sta già andando, a Vazon di centimetri ne sono caduti una trentina, il termometro segna meno sette gradi, dice la stazione meteo consultata sul telefono, ma sabato 14 dicembre già arriva il föhn caldo e la temperatura risale a 6 gradi. Si contano i giorni che restano a Natale, per poter salire su...

Giovedí 26 dicembre 2019

Ormai è un mese che manchiamo dal Vazon. Dopo la neve è arrivato il caldo. Un Natale tra i piú tiepidi di sempre, 18 gradi a Torino nella notte e 11 quassú, mentre l'Australia è in fiamme con termometri vicini a 50 gradi. Troppo... ma almeno la nostra strada si sta liberando dal ghiaccio e l'inverno-serra alla fine ci permetterà come l'anno scorso di arrivare in auto fin quasi di fronte a casa per Capodanno.

Venerdí 27 dicembre 2019

Ventoso, muro del föhn sulla cresta di frontiera, piovaschi fino a 2000 metri. Saliamo in auto fino a Pierremenaud, poi a piedi lungo la mulattiera sulla neve compatta, carichi di cibo per una settimana. Dopo un'ora sbuchiamo nel pianoro innevato di Vazon, mentre le nubi si dissipano e splende un bel sole di primo pomeriggio. Al suolo a seconda dei luoghi ci saranno tra i 35 e i 50 centimetri di neve, che stilla dai tetti per il tepore, 8 gradi. Accendiamo la stufa e in poche ore il guscio-di-legno è accogliente. Il tramonto in questi giorni dura mezz'ora: il sole verso le 15.30 sembra sparire dietro la vetta dello Chaberton ma poi esce di continuo, come parzialmente eclissato, scivolando come una brace sulla cresta nord-occidentale che ha la stessa pendenza della traiettoria solare: solo alle 16 scompare definitivamente dietro il colle dello Chaberton. È una specie di *tarluc*, dal latino *inter lux*, il fenomeno del doppio sole che ha luogo a Pontebernardo, sei valli a sud di qui, dove i 2800 metri del monte Ubac nei giorni centrali dell'inverno nascondono l'astro per alcune ore, per farlo ricomparire nel pomeriggio nell'intaglio di un vallone dove poi tramonta definitivamente poco dopo. Anche appena di là dal Monginevro, a Chantemerle, il sole appare e scompare due volte al giorno dal 5 dicembre al 6 gennaio, perché la cima di una montagna lo nasconde per un'ora. «Ma quando declina questo giorno senza tramonto?» (David Maria Turoldo).

Sabato 28 dicembre 2019

Notte stellata, chiarore algido sulle nevi. Tranne qualche lume stroboscopico di aerei in crociera, finalmente qui si può vedere un cielo ancora scuro e punteggiato di stelle, mentre verso la pianura c'è solo un gran sfolgorio giallastro di lampioni stradali. Notte fredda ma non troppo, un paio di gradi sottozero. Alba lenta, prima che verso le nove e venti il sole esca da dietro il Fraiteve e inondi di luce questa giornata dove l'anticiclone africano sta prendendo possesso delle Alpi occidentali con zero termico a oltre 3000 metri. Una passeggiata tra i pascoli innevati e i lariceti dormienti e poi verso le 15.30 ecco il nuovo lungo tramonto, con il sole che sia pur di poco emerge un po' piú di ieri dalla cresta dello Chaberton. L'ombra arriva alle 16.10 e il buio vero e proprio inizia ad avvolgere la montagna alle 17.15 in un trionfo di toni rosati proiettati sulle nubi alte mentre suona il *Magnificat* di Johann Kuhnau a celebrare la bellezza del cielo.

Domenica 29 dicembre 2019

L'alta pressione africana si consolida, sereno, calmo, mite, lievissimo gelo notturno, poi il termometro va a 10 gradi, zero termico a 2900 metri, la neve fonde sul tetto e dalle lamiere sconnesse gocciola acqua, di corsa mettiamo secchi e bacinelle dappertutto: bisogna proprio rifarlo, il tetto. Alle 9.20 la casa viene inondata di sole, facciamo colazione con il pane e la pizza cotti da noi ieri sera, cose che non hanno prezzo. Apriamo i crauti messi via in autunno nel vaso fermentatore: hanno un gusto ottimo, un acidulo delicato e aromatico, che soddisfazione, finiscono in pentola e ci ricordano la nebbia del 22 settembre quando abbiamo raccolto i cappucci dell'orto che ora è coperto di neve. Il valore delle bacche di ginepro nei crauti, trovate d'autunno sul sentiero verso Soubras, è un dettaglio, ma rilevante, perché associa a quell'aroma valori affettivi e paesaggistici non riproducibili. Il dehors del rifugio è pieno di gente che pranza al sole come se fosse agosto. Alle 15.30, quando lo Chaberton sottrae il tepore solare con la sua imponente ombra, spariscono tutti. Noi restiamo incantati sul balcone per mezz'ora a goderci il magico *tarluc*.

Lunedí 30 dicembre 2019

Cielo limpido, mentre appena 500 metri piú in basso una nebbia fredda invade la valle giú fino a tutta la Pianura padana. È l'inversione termica, frutto del troppo caldo in quota: questa notte non ha nemmeno gelato e ho udito il gocciolio della neve dal tetto nei vari secchi messi sul solaio per raccogliere le perdite. Alle 8, nella penombra montana in attesa dell'uscita del sole dalle creste, penso che questa dovrebbe essere una gran giornata per mettere le ciaspole ai piedi e buttarsi sui pendii nevosi. La vetta dello Chaberton è già tutta rosa. Ma alla fine vince la pigrizia, l'accogliente tepore del piumino, e restiamo a letto a leggere fino alle 9. Dall'altra parte del pianeta l'Australia è in fiamme, me lo ricorda la Radio svizzera che mi chiama per un'intervista telefonica: imponenti incendi boschivi fuori controllo per la siccità estrema e le temperature prossime a 50 gradi mostrano ancora una volta la fragilità dei territori di fronte al riscaldamento globale. Nella località turistica costiera di Mallacoota, tra Sidney e Melbourne, quattromila persone fuggite dalle vampe sono intrappolate sulla spiaggia in attesa di essere evacuate via mare. Il paragone con Plinio che descrive le scene della fuga da Pompei durante l'eruzione vesuviana non è azzardato. Sui giornali internazionali i video che mostrano un cielo irreale color arancione sono impressionanti e i commenti sull'incendio «fuori controllo» sono del tipo: «Qui fuori è il caos, è l'armageddon, è la devastazione piú assoluta... il vento soffia a raffiche e cambia continuamente direzione, i tizzoni infuocati volano ovunque nell'oscurità, le bombole del gas esplodono, le sirene urlano. Non c'è modo di andare da nessuna parte. Ci sono tuoni e fulmini, l'incendio crea una propria condizione meteo che lo propaga». È già andata in fumo una superficie piú grande del Belgio. Io sono qui in mezzo alla neve nell'altro emisfero ma non posso fare a meno di raccogliere con preoccupazione questo ennesimo segnale d'allarme. Eugenio Turri, grande geografo veneto, scrisse in *Villa veneta* che aveva percepito nettamente la fine dell'epoca rurale, immutabile e ciclica da millenni, quando, durante la Seconda guerra mondiale, aveva visto i cieli delle Venezie percorsi dai Liberator americani, gioielli di tecnologia cosí fuori dal comune da essere incomprensibili. Penso che allo stesso modo oggi siamo in un momento cerniera della nostra storia, un punto di svolta ambientale che rimane per i piú ancora incomprensibile, sottovalutato, ignorato, ma che quando si paleserà in tutta la sua dirompente enormità peserà purtroppo su un lunghissimo futuro. Ovviamente abbiamo ancora la possibilità di agire sul freno o sull'acceleratore. Possiamo rallentare e ridurre i danni. Possiamo decidere se correre verso un baratro o accettare qualche rinuncia in cambio di un futuro magari non roseo ma nemmeno tenebroso. I limiti delle risorse e dei processi fisici planetari ci dicono che – a meno di colpi di scena improbabili – un declino energetico e dell'abbondanza produttiva sarà inevitabile, ma tutto sta nel renderlo graduale, nel darci il tempo di costruire alternative e adattarci al nuovo corso. È la visione piú razionale tra il mito dell'apocalisse inevitabile e quello del progresso infinito, entrambi fuorvianti. Camus, nella *Peste*: «Dico soltanto che sulla terra ci sono flagelli e vittime e che per quanto possibile bisogna rifiutarsi di stare dalla parte del flagello». E nei *Taccuini*: «Perché un pensiero cambi il mondo, bisogna che cambi prima la vita di colui che lo esprime. Che cambi in esempio». È quello che abbiamo cercato di fare anche con questo mucchio-di-pietre.

Martedí 31 dicembre 2019

Altra alba serena e tiepida. Dopo un accenno di gelo nella prima parte della notte la temperatura è tornata mite, 3 gradi all'alba e 11 a mezzogiorno. Saliamo fin verso le case di Lauzet seguendo sentieri nel lariceto su circa mezzo metro di neve che nonostante il caldo si mantiene bene a eccezione dei pendii piú esposti al sole dove già emerge l'erba secca. Si aprono vedute innevate di straordinaria bellezza, come il pianoretto di pascolo arborato con lo Chaberton sullo sfondo, scenario da cartolina, bello, bello, bello. Sediamo su una solitaria panchina di legno che giustamente è stata collocata lí per contemplare la testata della Valle di Susa, Cesana, i Monti della Luna, il Pic de Rochebrune. Decine di aerei solcano senza posa il cielo azzurro a ricollegare questo panorama ancestrale con la pericolosa novità dell'Antropocene. Rientriamo verso le 14: ecco, ho sempre desiderato al rientro da un'escursione invernale potermi fermare in una casetta accogliente, fare una doccia calda e aspettare la sera davanti al fuoco invece di infilarmi in un'auto e percorrere ore di strada verso la pianura. Ora finalmente accade, dal bosco innevato a casa senza necessità di mezzi motorizzati, togliersi gli scarponi e mettersi le pantofole. Accendiamo la stufa mentre il sole entra dalla finestra della cucina e scivola lungo la cresta dello Chaberton eclissato a metà. Auguri di fine anno con i vicini di campo: brindiamo e pianifichiamo i lavori agricoli della prossima primavera, patate, cavoli e la legna da recuperare a seguito dei danni della nevicata umida di novembre. Alle cinque della sera un tramonto pastello appare dietro la sagoma del Pic de Rochebrune. Cielo azzurro scuro a est verso Sauze d'Oulx, via via in viraggio a celeste pallido, poi una banda di sottili cirri rosati e infine il giallo tenue che segna la linea dell'orizzonte occidentale. Radio svizzera classica trasmette il Preludio al primo atto del *Lohengrin* di Wagner che termina proprio sfumando gli archi sempre piú lontani, come sfuma la luce dell'ultimo giorno del 2019.

È ormai buio ma la casa risplende di luce: i faretti a LED a basso consumo con temperatura di colore 3000 Kelvin, diffondono sul legno una luce calda. Esco fuori per vedere l'effetto dall'esterno: i riquadri delle finestre sono ambrati come miele, mentre la neve appena gelata scricchiola sotto i miei piedi e invita a rientrare al calduccio. Non ho mai capito chi installa in casa lampadine a 6000 Kelvin, luce fredda, bianca, adatta a un laboratorio, a uno stabilimento industriale, ma non a un salotto. Apparecchiamo la tavola del cenone, per due. Tocco di festa: una fronda d'abete che la neve ha abbattuto nell'orto qui fuori, alcune pigne, un nastro rosso e una candela. Menú: antipasto di tranci di pizza con passata di pomodoro d'antica varietà (la pizza di ieri riscaldata), cotechino con purè di patate di Vazon e cavolo cappuccio biologico aromatizzato al ginepro dell'Adreyt (i nostri crauti), panettone basso della tradizione con lievito madre (quello che compriamo al forno del colle del Lys), cremini di Bologna Fiat Majani (regalo natalizio), arance di Sicilia da coltivazione agro-ecologica (quelle del gruppo d'acquisto salite qui con noi nello zaino). Bevande: acqua di sorgente alpina (rubinetto). Totale euro: forse una quindicina. Sono le 20, accendiamo la candela e iniziamo a servire i manicaretti nelle vecchie stoviglie spaiate recuperate qui in casa. Alle 21 il cenone è finito. Proviamo a spegnere le luci LED a 3000 Kelvin. Resta la candela e il ciocco di larice che fiammeggia dietro il vetro della stufa, luce flebile a 2000 Kelvin. Cosí doveva essere un secolo fa in tutte le case, al massimo c'era il lume a petrolio un po' piú luminoso ma pure fumoso e maleodorante. Restiamo in silenzio sul divano oltre un'ora a guardare le fiamme e ad ascoltare gli scoppiettii del legno resinoso in attesa della mezzanotte. Dieci minuti prima dell'ora simbolica usciamo fuori, una piccola folla degli ospiti del rifugio prepara il brindisi nel vicolo, tanto non fa freddo, due gradi sopra zero. Mezzanotte, iniziano le esplosioni dei fuochi d'artificio sull'altro versante: Sauze d'Oulx, piste verso Sestriere, San Sicario e al fondo bagliori pure su Cesana e Sagnalonga. Di là guerra di botti, Capodanno mondano. Di qua buio e silenzio, Capodanno montano.

Mercoledí 1° gennaio 2020

Sempre sereno e mite, giorni fotocopia l'uno dell'altro. Appena alzato, nella luce del sole che irrompe in casa prendo a caso un libro, il *Giornale di guerra e di prigionia* di Carlo Emilio Gadda, e sto lí a leggere in piedi, in pigiama. Un diario ben diverso da questo! Tristezza, pericolo, paura, fatiche e sofferenze. Cent'anni dopo, anche grazie a quei sacrifici, benessere e comodità sono diventati raggiungibili per la maggior parte della società europea e voglio esserne grato testimone con queste righe. Amici di valle salgono a trovarci per il primo pranzo del 2020, la temperatura intanto raggiunge i 13 gradi con zero a 3200 metri. Passeggiamo verso Soubras come fosse aprile...

Giovedí 2 gennaio 2020

Lieve gelo notturno, ma poi di nuovo mite e soleggiato. Dopo sei giorni, oggi tocca rientrare. Preparativi, svuotamento impianto idraulico. A Oulx l'impatto con la folla natalizia è straniante, code, inquinamento, come a Torino, scappiamo via rapidi.

Lunedí 6 gennaio 2020

Decidiamo di salire dal sentiero di Amazas e Soubras. Ancora una giornata mite e soleggiata. Non c'è piú neve fino alla cappella di San Barnaba, poi a chiazze fino ai campi di Vazon. La casa è ancora tiepida dopo 4 giorni, ci sono 10 gradi, del resto gela appena di notte e di giorno va a 12 gradi, lo zero termico è a 3400 metri, come d'estate! Giornate sempre serene e tiepide mentre la pianura è oppressa da una nebbia fredda e pestifera, blocco del traffico a Torino per l'inquinamento. Qui la neve comincia a scarseggiare a sud, mentre nei luoghi ombrosi è ancora spessa mezzo metro. Notti limpide con luna piena, che si riflette sulla neve e spande sul paesaggio una luce azzurrina. Albe e tramonti rosati con cirri e cirrostrati di tutte le forme. Arrivano le prime notizie di un nuovo virus che si sta diffondendo a Wuhan, in Cina.

Giovedí 9 gennaio 2020

Domani le previsioni meteo annunciano nuvoloso e freddo, quindi scegliamo il mite sereno di oggi per un'escursione a Château Beaulard, passando dal sentiero del bosco di larici e abeti che ammanta il versante settentrionale del Cotolivier. È una traccia innevata, che parte da quota 1700 metri e arriva ai 1400 della frazione Château. Battuta da centinaia di escursionisti nelle ultime settimane di tempo tiepido, si è completamente ghiacciata e occorrono i ramponi per non scivolare. Il paesaggio è superbo, abeti maestosi, migliaia di larici slanciati alti trenta metri che cercano la luce: non per nulla questo è il rinomato «Bosco delle Gran Pertiche», una delle piú belle foreste delle Alpi occidentali! I suoi legni sono stati utilizzati a fine Ottocento dai cantieri navali Ansaldo di Genova per realizzare pennoni di navi, e anche verso la metà degli anni Novanta una decina di pregiati fusti hanno raggiunto il Lago di Ginevra per la costruzione di imbarcazioni storiche e sono pure serviti per ristrutturare il ponte dell'Accademia di Venezia. Di questo bosco fatato merita citare la descrizione che ne fa Des Ambrois: «La foresta detta delle gran pertiche era di larici. Gli alberi si innalzavano a migliaia, molto vicini gli uni agli altri, come guglie gigantesche, poiché erano spogli di rami fin verso la cima, dritti e lisci in tutta la loro altezza. Le chiome, toccandosi, formavano una volta serrata e perenne di verde. Il suolo della foresta era disseminato di foglie secche che, accumulate dal tempo, formavano un tappeto spesso ma scivoloso, di colore triste. C'era colà una vasta solitudine dove regnava un'ombra senza fine, un silenzio profondo e solenne. L'uomo, in fondo a quel bosco, si sentiva solo con Dio». Mi viene in mente *La calma del bosco* di Antonín Dvořák, composta nel 1883, dal ciclo per pianoforte a quattro mani *Dalla foresta Boema*. C'è ancora sulla carta topografica, qui vicino a questo sentiero, la Serra dell'Orso, ma l'orso è scomparso, si dice almeno dal 1820. Il lupo invece è ricomparso, e fa un gran bene all'equilibrio della fauna selvatica. Anche se è tutto in ombra, anche se il fondo rimane ghiacciato, l'aria è mite e si cammina senza guanti né berretto. Verso le 13 sbuchiamo al sole di Château, la frazione è sonnacchiosa, solo il canto di un gallo rivela che è ancora abitata. Fino a un paio d'anni fa c'era una taverna-ristorante che animava un po' il luogo, e sarebbe stato perfetto prendersi un caffè prima di ripartire, ma ora è chiusa. Meritava una bella ristrutturazione, mantenendo la sua rusticità ma mettendosi al passo con i tempi per le attrezzature. Ha bei soffitti voltati di mattoni, ma cucina e arredi da rinnovare e le toilette alla turca erano piú adatte a una caserma che a un locale di charme alpino. Ma qui non siamo proprio capaci, basterebbe copiare dal Trentino. Invece nessuno ha comprato il locale, nessuno ha investito per rinnovarlo, tutto morto. A due passi da Bardonecchia siamo in un degrado sconfortante. Cosí pian piano muoiono i borghi di montagna. Speriamo che qualcuno investa in rinascita di qualità. Mangiamo un panino su una panchina assolata e rientriamo con un paio d'ore di cammino nel bosco sempre piú cupo. Sbuchiamo sul versante di Vazon proprio mentre il sole sparisce dietro il colle dello Chaberton, qualche minuto dopo le 16. Presto a casa, accendiamo il fuoco ascoltando le celestiali trombe della Suite in re maggiore di Johann Friedrich Fasch, composta piú o meno quando venivano costruiti i muri che ci proteggono.

«Salire in montagna» ovvero diventare partigiani.

Qui, mimetizzati nel folto del bosco delle Gran Pertiche, si trovano i ruderi della capanna del Sapes, che vuol dire abete bianco. È un luogo importante della Resistenza, di cui ci parla con tenerezza Ada Gobetti Marchesini nel *Diario partigiano* (1956), un libro che si deve leggere. Nell'ottobre del 1944 si costituisce la colonna di Giustizia e Libertà «Franco Dusi». Bisognava trovare un rifugio sicuro e «una delle nuove reclute, un certo Gino Mallen, boscaiolo e aspirante maestro di sci, ha ideato la costruzione di una capanna di tronchi in mezzo al bosco; [...] è veramente un piccolo capolavoro: ha le fondamenta, il pavimento ben connesso e perfettamente liscio, le necessarie intercapedini, il tetto ben costruito, una porta solidissima e un minuscolo finestrino. [...] è occultata cosí abilmente tra gli alberi e contro la montagna che le si può passare accanto senza scorgerla. Per ora l'interno è ancora disadorno: una stufa traballante, qualche materasso, qualche sgabello...» Qui il gruppo di partigiani elabora il piano per la traversata in Francia per «il Passo dell'Orso (altrimenti detto

Passo della Grande Hoche) che però è tenuto dai tedeschi». Era il 16 ottobre, dopo la riunione una parte dei componenti della banda rientra a Beaulard e a Château mentre Ada e altri restano nella capanna dove cucinano una polenta e una torta che verrà definita «la sostanziosa». Finiscono al buio per l'esaurimento del carburo che alimentava la lampada ad acetilene, uno di loro inciampa nella stufa e la ribalta, e infine, non essendoci abbastanza spazio per dormire, una parte di loro scenderà alla borgata Villaretto, percorrendo un sentiero umido e scivoloso che procurerà anche delle cadute. Dopo una notte trascorsa sulla paglia, al mattino tornano le paure, del freddo, della fame e di essere scoperti. Poco dopo rischiano effettivamente di essere sorpresi da una pattuglia di tedeschi in cerca di cibo e cosí si dividono: Ada, sotto una «greve nebbia fredda che celava i monti e inumidiva l'erba e gli alberi» rientra verso Oulx trattenendo a stento lacrime di preoccupazione. Il 29 ottobre Ada torna al Sapes tra i colori della vegetazione autunnale e trova una capanna che da uno «stanzone vuoto e disadorno ora aveva invece l'aspetto intimo e accogliente di un rifugio, coi suoi lettini, le panche, il tavolo, le stoviglie ben disposte». La neve arrivò presto, il 31 ottobre, una ventina di centimetri, mentre tre compagni erano impegnati nella traversata notturna verso la Francia dal Passo dell'Orso, a 2480 metri, controllato da 18 soldati nazisti. I nostri riescono silenziosamente a passare tra la neve con «vere zampe di velluto», vengono minacciati dal fuoco francese ma riescono a presentarsi come partigiani ai soldati marocchini delle Forces françaises de l'Interieur che li accoglieranno al posto di guardia «Clé des Acles» con caffè caldo, biscotti e sardine. Scesi al comando di Névache, videro per la prima volta una jeep con la quale furono trasportati a Briançon, Embrun e poi agli Alti Comandi di Grenoble. Il progetto era la cattura dei tedeschi di presidio al Passo dell'Orso con l'aiuto dell'esercito francese. La sera del 7 novembre tutto è pronto per il *coup de main*, lo spiegamento di forze è imponente, quasi un centinaio di militari, ma l'operazione verrà ostacolata dal vento fortissimo. Solo i due italiani e un ufficiale francese raggiungeranno il passo: «La tormenta era violentissima e non ci si vedeva a un metro di distanza». A rischio di essere sorpresi dai tedeschi faranno dietrofront. Nel pomeriggio del 14 novembre Ada da Oulx raggiunge il Villaretto ma stenta a ritrovare la capanna nel paesaggio innevato, tanto è ben nascosta! Pur preoccupata, non manca mai di stupirsi della bellezza del paesaggio alpino: «E io guardavo intanto con struggente tenerezza i monti candidi sul cielo violentemente azzurro che le ultime luci del tramonto illuminavano di riflessi rosei». C'è inquietudine per il mancato rientro dei compagni espatriati clandestinamente ormai da due settimane, tra i quali c'è il figlio Paolo. Nella notte si alza il vento che sibilando tra i pini toglie il sonno a Ada, pensierosa per i rischi che il tempo severo poteva aggiungere all'impresa. Infatti al mattino del 15 novembre nevicava, per ingannare l'attesa Ada pulirà a fondo la capanna con una scopa fatta di rami di pino, ma poi scenderà a Château per prendere il treno verso Torino. Resteranno tutti bloccati a Oulx per il crollo del Pont Ventoux, saltato in aria accidentalmente a causa dell'umidità dell'abbondante nevicata da 40 centimetri sui contatti dei detonatori dell'esplosivo con cui i tedeschi l'avevano imbottito. Ada, priva di notizie dei suoi, dopo giorni «d'incubo doloroso», ritornerà al Sapes il 23 novembre trovando, in uno scoppio di felicità, i compagni rientrati appena il giorno prima. Avevano attraversato il Col des Aiguilles e il Passo della Sanità e per evitare i tedeschi di stanza al Passo della Mulattiera furono costretti a compiere una difficile traversata notturna tra dirupi innevati fino alle Grange Pleynet. Appesantiti dalle armi recuperate in Francia, si troveranno in una zona impervia, dovranno superare al buio e con poche corde di fortuna alcuni salti rocciosi a rischio di cadute rovinose, ma riusciranno esausti a tornare al Sapes, dove tutti ammirarono sorpresi le prime Rations K americane giunte dalla Francia. Quella sera «la capanna semibuia tra il fitto dei pini» fu «prodigiosamente illuminata dal sole della felicità». Si decise però di abbandonarla in quanto ormai troppo a rischio di essere scoperta o segnalata da delatori, costruendone un'altra detta *ël nic*, «il nido», nei pressi del Rio San Giusto, sopra Beaulard. Il 30 dicembre 1944 da qui partirà una nuova impegnativa traversata verso la Francia dal Passo dell'Orso, alla quale parteciperà anche Ada insieme ad altri sei compagni – il marito Ettore Marchesini, il figlio Paolo Gobetti, i due fratelli Alberto e Bruno Salmoni, i due fratelli Eraldo e Virgilio Corallo. La missione, destinata a portare documenti e informazioni agli Alleati, inizia la sera dalla nuova capanna, rischiarata appena dalle fiamme tremolanti nella stufa. Il gruppo attende che si levi la luna e verso le 22 si mette in marcia: «La neve splendeva nel chiarore lunare; e i grossi abeti scuri sembravano tanti alberi di Natale infiocchettati di stelle lucenti [...] un paese di fiaba. E pensare che avrei potuto non veder mai una cosa simile!» Ma dopo una breve sosta alle 2 di notte al ricovero militare del Rocher de la Garde, abbandonato dai tedeschi poche settimane prima, iniziano le difficoltà: il freddo della notte limpida e serena (dovevano esserci oltre venti gradi sottozero), rischia di far congelare un dito a Ada, e poiché «il vento aveva spazzato via la neve molle bisognava procedere facendo i gradini nel ghiaccio lungo un costone nudo, a forte pendenza sopra uno strapiombo di due o trecento metri». Tra pericolose scivolate e una faticosa progressione nella neve del versante francese sotto il tiro dei mortai tedeschi, raggiungeranno gli Chalets des Acles nella Valle della Clarée all'alba del 31 dicembre, e potranno brindare al 1945 dopo il viaggio in auto fino ai comandi alleati di Grenoble con una bottiglia di Porto che aveva valicato con loro il Passo dell'Orso. Questa splendida storia, che va assaporata e meditata sul testo originale uscito dalla penna di Ada Gobetti con tutti i dettagli, lo humour, lo stupore per la solenne bellezza delle montagne intimamente legato ai timori per la severità del clima e alla continua tensione per il rischio dell'azione militare, è ora soltanto affidata alle pagine del *Diario*. Nulla, tra questi solitari lariceti, a soli 75 anni da quelle eroiche vicende, ne mantiene il ricordo, ne comunica le emozioni. Mi piacerebbe mettere una targa sui ruderi del Sapes e sul Passo dell'Orso a perenne memoria di una grande donna e dei suoi coraggiosi compagni che hanno lottato per la nostra libertà. E piú modestamente pensare che anche noi ora saliamo in montagna per resistere e testimoniare contro il riscaldamento globale e il degrado ambientale, cercando di consegnare a chi verrà dopo un futuro non troppo ostile.

Venerdí 10 gennaio 2020

Mattina grigia e fredda, la montagna assume subito una faccia diversa, minacciosa, severa. Ma è una perturbazione debole, nemmeno un fiocco di neve e dura poco, a mezzogiorno l'anticiclone riprende vigore e torna un gran sereno. La sera con Claudio e Valentina, il rifugio è chiuso. Gran luna piena, passeggiata al segnale trigonometrico in una luce azzurrina surreale, temperatura appena sottozero.

Sabato 11 gennaio 2020

Sereno e aria mite dopo una leggera gelata notturna, -3,6 gradi, il valore minimo da inizio anno, inverno per ora da nulla. Dopo sei giorni quassú tocca ridiscendere a valle. Non abbiamo avuto bisogno di negozi, tutto ciò che ci serviva era qui in casa o in piccola quantità è salito sulle nostre spalle. Il dispositivo di ventilazione meccanica controllata è un animale che va accudito, se va troppo forte fa rumore, se lo tieni al minimo va bene ma se c'è vento non riesce a contrastarlo, se lo si spegne non ha una serranda di chiusura e il vento irrompe in casa senza scambio termico, gli mettiamo una cuffia da doccia per sigillarlo, fuori la goccia di condensa ha fatto un candelotto di ghiaccio, bisogna imparare a far funzionare queste nuove tecnologie… Perdiamo un'ora per lo svuotamento acqua del boiler per evitarne il gelo.

Sabato 18 gennaio 2020

Nella notte è passata una rapida perturbazione, guardiamo le immagini delle webcam di Oulx, qualche centimetro di neve dopo ventiquattro giorni asciutti e sereni. Ripresa una vita di ufficio e di viaggi, per un po' a Vazon non si salirà. Aumentano i timori per l'epidemia di coronavirus cinese, ma qui in Europa tutti dicono che siamo al riparo. L'esame di microbiologia che ho dato oltre trent'anni fa mi riaffiora alla memoria e mi dice che non è cosí, arriverà anche qui, e mi stupisco che sia tutto ancora cosí tranquillo, sul treno guardo con sospetto chi tossisce, immagino sia appena sceso da un aereo orientale e mi rannicchio in sedili singoli tenendomi lontano da tutti.

Venerdí 24 gennaio 2020

Bolzano. Fiera dell'efficienza energetica KlimaHouse. Davanti a cinquecento professionisti del settore, Uwe Staffler mi consegna la targhetta e il certificato CasaClima R. La *lectio* è ovviamente dedicata al recupero della baita di Vazon. Anche questo obiettivo è stato raggiunto, non senza fatica, ma ora è il momento di festeggiare!

Sabato 1° febbraio 2020

Soleggiato, ventoso, la strada è percorribile fino alle antenne di Serre Grassin. Lasciamo l'auto dove inizia la neve sulla strada e in mezz'ora siamo a casa. Borgata deserta, temperatura primaverile, c'è ancora neve ma i prati meglio esposti cominciano a liberarsi. A piedi vedi cose che in auto ti sfuggono. Come il mucchio di macerie e tubi in plastica buttati nella scarpata sotto la strada. Materiale recente, ovvio che arriva da una delle case della borgata, questa è la prima curva cieca dove sbarazzarsene non visti. Ma è possibile che anche in un posto bello cosí ci siano o proprietari o artigiani che si liberano dei rifiuti in questo modo? Come si fa a offendere la bellezza con gesti tanto stupidi? Già, il fatto è che bisogna almeno avere nella testa il concetto di bellezza. Raccolgo i tubi in plastica che mi stanno nelle mani per portarli nel bidone della spazzatura. La casa è sui sei gradi, accendiamo la stufa e ci godiamo il pomeriggio montano.

Domenica 02.02.2020

Rara data palindroma! Ma anche meteorologica... È infatti la Candelora, ricorrenza della presentazione di Gesú al Tempio, ritenuta da sempre «giorno di marca» per capire come sarà il resto dell'inverno. Il detto popolare recita: *Se c'è sole a Candelora de l'inverno semo fòra, ma se piove e tira vento de l'inverno semo dentro*. Anticamente celebrata il 14 febbraio, quaranta giorni dopo l'Epifania, il suo nome deriva dalla benedizione delle candele che veniva fatta in questa data. Nella tradizione celtica il 1° febbraio si celebrava Imbolc, la festa della luce, che pian piano riprende il suo cammino verso l'estate sebbene sia ancora pieno inverno. Infatti oggi il sole è spuntato dal Col Basset alle 8.51, mezz'ora prima che a fine dicembre. Gli antichi Romani celebravano nello stesso periodo i Lupercalia, poi sostituiti dalla festa cristiana. In queste montagne la Candelora viene chiamata anche «Giorno dell'orso», perché la leggenda racconta che l'orso interrompendo il suo letargo valuta se il tempo è abbastanza buono per uscire definitivamente o ritornare nella tana ma poi fa il contrario di ciò che trova fuori, se fa sole rientra perché l'inverno sarà ancora lungo, se piove e tira vento invece vuol dire che la primavera è imminente. È a mezz'ora d'auto da qui la frazione Urbiano del comune di Mompantero dove da tempo immemorabile ancora oggi si celebra a inizio febbraio la Festa all'orso, con una rozza maschera silvestre che percorre in catene le vie del borgo montano, schernita dal popolo. Il detto locale afferma che se c'è il sole e dunque *se l'orso fa seccare la sua paglia, non esce piú per quaranta giorni*, perché l'inverno continuerà rigido. E oggi che presagi evincere dalla Candelora? Difficile, perché qui a Vazon ci sono tutti i tempi confusi insieme. In cielo passano grandi vascelli nubiformi spinti dal föhn, il fronte compatto da ovest investe le Alpi appena al di là dello spartiacque, verso la Maurienne e il Thabor; dalla Clotesse e dallo Chaberton una cascata di nubi sconvolta dal vento si getta in Valsusa ma si dissolve subito, il cielo è luminoso e l'aria tiepida, tutto sta fondendo, non ha gelato di notte e ora ci sono 11 gradi, ma qualche goccia di pioggia arriva dal confine francese insieme al vento. L'orso sarebbe disorientato. Entrare di nuovo nella tana o uscire? Durerà ancora l'inverno o questa è già la primavera? Il riscaldamento globale sovverte anche la tradizione. Per attribuire anche noi significati simbolici alla mattinata, dovendo fare con Giorgio A. delle fotografie di antichi attrezzi rurali, montiamo davanti alla scuola il vecchio spartineve della borgata che veniva trainato dai cavalli, una pesante «V» di legno con la punta e i pattini rinforzati di ferro. Che montarla con questo anomalo tepore porti molta neve prima della fine dell'inverno? Si vedrà... È mezzogiorno, sulla stufa bollono crauti e cotechino, e dal computer, di Leopold Mozart scaturisce *Eine musikalische Schlittenfahrt*, «Un viaggio musicale in slitta». Il nostro rustico spartineve di borgata non era certo una ricca slitta con i sonagli, ma è adatto lo stesso alla partitura. Però a sera piove a scrosci con sei gradi, altro che slitta! Mi toccherà fare come Prokopij Akinf′evič Demidov? Racconta Serena Vitale nella *Casa di ghiaccio* che la mattina del 1° agosto 1786 il ricco possidente «si svegliò piú stanco e debole del solito; non avrebbe visto, si disse, un nuovo inverno. Colto da una repentina nostalgia della neve, ordinò di comprare tutto il sale in vendita a Mosca e cospargerne il viale che dalla sua tenuta di campagna portava alla strada vicinale. Beato, sfrecciò piú volte in slitta, avanti e indietro, tra i candidi scheletri delle betulle che la servitú aveva provveduto a denudare fino all'ultima fogliolina».

Lunedí 3 febbraio 2020

Notte surreale, con vento di föhn e temperatura minima di 7,6 gradi, come fosse giugno! La neve sta fondendo rapidamente, raffiche tempestose da ovest sul Fraiteve a 140 km/h, ma con temperatura di un grado sopra zero a 2700 metri: si vedono i grandi campi di neve dei Monti della Luna luccicare al sole per il velo d'acqua di fusione improvvisa, ma l'atmosfera è stranamente torbida, c'è una foschia inusuale qui nell'interno alpino, come mai? Dovrebbe essere limpidissimo questo fiume d'aria che arriva da nord-ovest. La spiegazione sta nella polvere sahariana che fa un lungo giro in senso orario intorno all'anticiclone subtropicale centrato sul Marocco, dal deserto investe le Canarie, sale verso nord sul golfo di Biscaglia, e poi entra da ovest sulla Francia, arrivando sulle Alpi dall'Atlantico, evento raro, perché di solito la sabbia arriva con gli scirocchi da sud. L'inverno-serra prosegue... Leggo, ascolto, osservo, scrivo. Quassú si sta bene, ma ora tocca scendere a valle. Facciamo sosta all'isola ecologica di Oulx per depositare i nostri pochissimi rifiuti, da noi lassú non c'è la raccolta municipale. Poche cose, un po' di vetro, qualche imballo, l'umido invece va sotto l'abete a far concime. A fianco dei cassonetti vedo una scatola con cinque tazze da caffè polverose. Sono quelle del mitico caffè Paulista Lavazza disegnate da Armando Testa, avranno cinquant'anni! Ceramica robusta, da bar, con il loro festone rosso, giallo e nero. Salvate dalla distruzione hanno fatto bella la giornata e torneranno a nuova vita nella nostra cucina.

Martedí 11 febbraio 2020

Bari, raggiunta in treno, ho un paio di conferenze sulla finanza verde. Il sole del Sud splende sull'Adriatico e tra i vicoli bianchi della città vecchia. Guardo su internet dove ci siano botteghe di libri usati, sono gli unici negozi che visito nei miei viaggi. Il primo che incontro è un antro oscuro con pile di libri alte come stalattiti che sanno di muffa. Forse lí in mezzo c'è qualcosa di buono ma non ho voglia di introdurmi e tiro oltre. Il secondo è chiuso. Mi compro per pranzo una splendida e sacrosanta focaccia barese, patrimonio gastronomico dell'umanità, difficile trovare di meglio. Morbida di pomodorini, croccante di pasta, oleosa d'oliva. Mi gusto su una panchina questa fetta di Mediterraneo avvertendo però troppo caldo per la stagione. Ci sono 22 gradi, sette sopra la media, ma siamo tutti vestiti da inverno. Le signore incappottate si lamentano. E chissà come sarà a luglio... Sogno di tornare presto tra le mie Alpi. Terminata la focaccia mi incammino verso l'hotel. Niente libri oggi. Ma vedo per caso una vetrina di una linda libreria editrice locale, dentro il piccolo ambiente è luminoso, bianco come la calce. C'è anche lo scaffale dell'usato. Allora bisogna assolutamente dare un'occhiata. E subito colgo gli inconfondibili dorsi verdolini dei tre volumi dei racconti di Čechov usciti nei Millenni Einaudi nel 1962. Le ho già le novelle di Čechov, ma questa edizione è quella che ho visto sulle mensole delle scale di Casa Rigoni-Stern ad Asiago. Mario amava molto quei tre volumi che avevano una posizione a parte, non nel suo studio, ma in una zona di passaggio, forse per poterli sentire come compagni assidui di vita ogni volta che ci passava davanti. Sono pesanti e ingombranti e io sono in treno. Ma è fatta, finiranno in una borsa insieme ai taralli pugliesi. La felicità è oggi riassunta in un chilo e mezzo di vecchia carta ingiallita e in 200 grammi di focaccia barese. So che quando saranno negli scaffali di larice di Vazon mi ricorderanno a ogni occhiata le nevi di Asiago e la luce delle Puglie antiche.

Venerdí 14 febbraio 2020

Finalmente verso mezzogiorno ci mettiamo in strada per Vazon. Primi pruni fioriti lungo la strada, è tutto in anticipo per il tepore precoce. Riusciamo a salire in macchina fino a casa, superando senza problemi il breve tratto di strada ancora ghiacciato. Cosí i racconti di Čechov che avevo messo nel baule sono già nello scaffale. La neve ormai è a chiazze, molti prati sono scoperti. Intanto arriva la notizia che il 9 febbraio in Antartide si è superata per la prima volta la soglia dei 20 gradi sull'isola di Seymour, alla base argentina Marambio: mai capitato prima da quando ci sono stazioni meteo laggiú. Scrivo il mio pezzo per il giornale da quassú.

Domenica 23 febbraio 2020

Mentre al Nord Italia esplode il contagio di coronavirus, le temperature a Vazon viste dalla stazione meteo automatica raggiungono valori inusuali per aria calda subtropicale e debole föhn: una minima notturna di 8 gradi e una massima di 18 che diventeranno addirittura 9 e 19 gradi il giorno dopo!

Mercoledí 4 marzo 2020

L'epidemia di coronavirus incalza e ci induce a ritirarci qualche giorno in quota. Siamo ben consapevoli del rischio sanitario ma sappiamo che qui saremo pressoché soli e comunque ben distanziati. Curiosamente i comprensori sciistici a noi antistanti, inquietati dall'idea di perdere turisti, lanciano sui giornali appelli a venire in montagna, qui c'è aria buona e sana, accorrete in massa e divertitevi spensierati! Gli ospedali di Bergamo e di Lodi dove sta iniziando un'enorme tragedia umana appaiono ancora lontani, e il business non si deve fermare mai. Nessuno localmente ha nulla da dire su questa promozione della montagna un po' fuori luogo, e saranno in tanti a proporla, dalle

Dolomiti all'Appennino. Un paio di giorni fa una perturbazione occidentale ha rotto i due mesi e mezzo di siccità e ha portato una trentina di centimetri di nuova neve. Con l'auto e le catene montate riusciamo a salire fino a Pierremenaud, il resto lo facciamo a piedi. Arriviamo alle 16 nella borgata deserta con un cielo che va via via coprendosi. Accesi stufa e camino, affrontiamo qualche fastidio con la neve entrata in solaio dalle sconnessure del tetto durante la tormenta, che bisogna asportare prima che infradici l'isolante, poi possiamo ritirarci nel guscio-di-legno a goderci finalmente un po' di inverno. Le carte di previsione meteo per domani segnalano un debole fronte da ovest, poco attivo sul versante italiano, ma una quindicina di centimetri dovrebbero arrivare.

Giovedí 5 marzo 2020

Alba nebbiosa e nevosa, tre gradi sottozero, tardivamente arriva un po' d'inverno mentre siamo ormai in primavera! Del resto il trimestre invernale dicembre 2019-febbraio 2020 è stato sulle Alpi nientemeno che il piú caldo della storia. È in prima posizione nella lunga serie di temperature di Torino, che inizia nel 1753, ma è primo anche per la Svizzera e la Francia in oltre centocinquant'anni di osservazioni. In bassa valle peschi e albicocchi sono già in fiore, in anticipo di un mese. Qui invece, come atteso, nella notte ha iniziato a cadere una neve rada e sottile e se ne sono accumulati cinque centimetri, manto totale trenta. Una volta tanto restiamo a letto al calduccio fino alle 10, ed è uno dei grandi piaceri della vita guardare dalla finestra questo crivello celeste che semina cristalli dalle infinite forme. A mezzogiorno i centimetri di neve fresca sono otto, e la fase piú attiva dovrebbe verificarsi dal pomeriggio alla tarda sera. Vazon è incantata, solitaria, silenziosa, immersa nella nebbia gelida. Le folate di fiocchi formano nel vicolo accumuli sinuosi e bombati come dorsi di balena. Alcune porte sono coperte fino a metà dalla neve ventata, che si deposita anche sulle piccole asperità dei muri di pietra, entra dalle fessure dei tetti nei solai come zucchero a velo. L'unico rumore è il gorgogliare della fontana e il leggero fruscio delle fronde dei nostri due abeti. Appena fuori dalle case è *whiteout*, nebbia e neve, sopra e sotto, alto e basso confusi in un unico color bianco latteo. Potrebbe essere l'Artico, la Patagonia, la Siberia. Le nostre impronte sono presto ricoperte dal vento. Dietrofront, a casa, prima di perderci come due imbecilli! Ma siamo venuti su per questo, per sensazioni essenziali che non costano nulla, non si comprano, non si vendono. È ora di fare pizza e pane, siamo in autonomia quasi completa, non c'è bisogno di andare a fare la spesa tutti i giorni e tanto qui non si potrebbe. Tra qualche giorno questa capacità di essere autonomi si rivelerà fondamentale anche a bassa quota, con l'inedito confinamento sanitario che si va preparando... Intanto le cantine e le dispense sono piene, le fiamme guizzano nel camino, come in ogni casa di montagna che si rispetti. A sera nevica ancora, è stata una magnifica giornata tutta grigia, fredda, nebbiosa e con venti centimetri di preziosa polvere di ghiaccio. Nel buio notturno, tra la neve che turbina, risplendono di luce dorata soltanto le nostre finestre. Come nella tela datata 1903 *Alba d'inverno* del pittore divisionista di nevi e montagne Cesare Maggi, provetto sciatore e assiduo frequentatore dell'Alta Valle di Susa: neve, nebbia, cielo, case, è tutto azzurro di gelo, solo una piccola finestra lascia vedere il bagliore rossastro di un focolare. Tutta questa poesia è possibile ovviamente perché siamo al riparo nel confortevole guscio-di-legno. Un pensiero rispettoso va a chi ottant'anni fa, uniforme e fucile in spalla, resisteva a questi freddi senza protezioni. E forse capita anche ora a qualche migrante africano in fuga verso la Francia. Ogni persona avrebbe il diritto di guardare senza paura la neve, dalla finestra di una casa calda e accogliente.

Venerdí 6 marzo 2020

Il sole è spuntato poco prima delle 8 dai 2300 metri del Col Bourget, un'ora e mezza piú presto che nei giorni del solstizio d'inverno. Appena la sua luce irrompe in casa balziamo in piedi per non perdere il momento magico dei primi raggi sulla neve caduta nella notte. Abeti incappucciati di bianco, forme sagomate dal vento, un cielo blu profondo, un vento freddo a raffiche che di tanto in tanto crea vortici di neve strappata ai rami e genera sbuffi di cristalli lucenti, una limatura di ghiaccio turbinante nell'aria tersa, come la bufera di note del

Ballet des flocons de neige di Jacques Offenbach, nel *Voyage dans la lune* (1875). È un'ubriacatura di bellezza, la stessa che da centinaia di migliaia di anni i nostri avi devono aver guardato con occhi meravigliati. Fotografiamo alberi, tetti, montagne fino a esaurire la batteria e la memoria della macchina fotografica. Ovviamente le stesse foto le abbiamo già fatte decine di volte, ma ogni giorno qui è diverso. Alle 11 ho una diretta telefonica con la Radio svizzera di lingua italiana e racconto i cambiamenti climatici seduto al sole sul balcone, il fine del ragionamento è fare in modo che i nostri nipoti possano ancora vedere panorami come quello che ho ora davanti ai miei occhi. Il sole cala in questi giorni verso le 17 dietro il costone del Lauzet e il vento freddo fa venir voglia di chiudersi in casa dopo la festa di luce di questa giornatona, per la quale l'immagine giusta è *Ritorno dal bosco* di Segantini. Stasera in forno c'è la *soupe grasse*.

Sabato 7 marzo 2020

Giornata radiosa e fredda, con vento tagliente, paesaggio rilucente di bianco e azzurro, ma arrivano i gitanti del week-end e la neve ha perso la sua verginità, ovunque tracce, calpestii, arate di mezzi meccanici. Guardo con il binocolo verso il Terra Nera: anche i pendii piú lontani e fino a ieri immacolati sono ormai percorsi da innumerevoli tracce di scialpinisti, molti dei quali portati in quota da servizi di eliskí. Che il vento le cancelli! Siamo in troppi su questo pianetino, non c'è angolo che si salvi dall'iperfrequentazione.

Mario Soldati e il vento del Monginevro.

La giornata ventosa, la ricerca del silenzio, mi ha riportato alla memoria questo scorcio notturno sull'Alta Valle di Susa che Mario Soldati osservò da Sestriere, probabilmente negli anni Cinquanta, affidandolo al racconto *La carta del cielo*. Lo trovo delizioso: «Poco prima di mezzanotte sono uscito dall'albergo. Silenzio, solitudine, neve, ghiaccio. Freddo violento, almeno dieci sotto zero. [...] Ho cominciato a passeggiare cosí, senza pensieri, godendo la montagna e la notte invernale, sulle piste che circondano l'albergo. Il silenzio era assoluto, se non per lo scricchiolio dei miei passi sulla neve ghiacciata. Mi fermavo e ascoltavo, temendo udire ancora, ovattata dalle mura e dai doppi vetri, l'orchestrina-jazz. Fortunatamente, nulla. Soltanto, e appena percettibile, un fruscio sommesso, lontano, misterioso, come di un torrente, ma, capivo, piú vasto e piú solenne del fruscio che avrebbe fatto un torrente. Riprendo a camminare. Ecco la terrazza del garage, che si affaccia, a picco, sulla vallata. Qui il fruscio, sempre vasto uguale e misterioso come prima, si udiva piú forte, piú vicino: era il vento, il vento nei grandi boschi di larici che coprivano tutto il fianco della montagna, sotto il colle [del Sestriere] e il cupo dorso dall'altra parte della valle, su fino dove i pendii alberati erano bruscamente interrotti da un'alta parete rocciosa. Quella montagna di fronte, cosí alta, nera, informe nel buio, eppure cosí vicina, aveva il fascino, misto d'angoscia, di tutto ciò che è selvaggio, non umano. Giú a mezza costa, e in fondo alla valle, i lumi di Champlas e di Cesana scintillavano, per il vento, cosí vivi, come se si accendessero e spegnessero rapidissimi. Poco piú su, s'intravvedeva la spaccatura di Clavières e s'indovinava, un po' piú in alto e un po' piú in là, incerto e diffuso tra nevi e nebbia, il chiarore degli alberghi, a Montgenèvre. La Francia, era là! [...] Levo lo sguardo al cielo, adesso. È blu cupo, tutto pieno delle stelle bianchissime».

Domenica 8 marzo 2020

L'emergenza sanitaria per l'epidemia di coronavirus esplosa in Lombardia si aggrava. Scendiamo a valle tra comitive di escursionisti beati che non applicano le piú elementari norme di prevenzione pensando che basti l'aria di montagna a impedire il contagio. Li evitiamo preoccupati, e infatti la sera il governo fa un annuncio epocale, istituisce la «zona protetta nazionale», il confinamento sanitario obbligatorio, da domani non si uscirà piú di casa in tutto il Paese. Restare a Vazon sarebbe stato piú gradevole ma meno pratico in una casa ancora incompleta.

Mercoledí 11 marzo 2020

Siamo chiusi nella nostra abitazione di bassa valle, ma comunque sempre in zona montana e vicino ai nostri orti. Dalla stazione meteo di Vazon che consulto compulsivamente, vedo un inusuale tepore con ben 18 gradi, la neve se ne starà andando rapida... Se ne vanno di gran carriera anche i turisti e i proprietari di seconde case improvvisamente percepiti come pericolosi untori, letteralmente scacciati da sindaci che ora invocano l'esercito per chiudere le strade e respingere le minacce alla sana aria di montagna dove il virus non è ancora arrivato. Anche su Vazon volteggiano elicotteri e arrivano perfino ispezioni di Pubblica Sicurezza. Per fortuna che non c'eravamo e non nascondevamo partigiani in cantina! Un bel voltagabbana nel giro di una settimana: prima «venite tutti su»; contrordine: «tornatevene a casa». Stesse scene a Courmayeur, a Cortina, a Bormio. Contraddizioni sociali da risolvere. Lasciamo perdere i turisti alla giornata del tipo mordi-e-fuggi, ma i proprietari di casa, che pagano tasse salate ai Comuni, sono una risorsa o un peso? Godono di diritti costituzionali a intermittenza? Non possono scegliere un luogo come un altro per fare la loro quarantena? Si è detto: no, perché qui non ci sono strutture sanitarie attrezzate. Ma perché? Ci si ammala solo nelle grandi città? E nei piccoli comuni non montani allora che si fa? Eppure la montagna, con la sua minore densità di popolazione sarebbe stata perfetta per limitare i contatti. Come sempre risposte banali a problemi complessi.

La contraddizione alpina ai tempi del Covid-19.

Ne ha scritto bene Enrico Camanni sulla rivista online «Dislivelli»: «Il virus ha mostrato effetti diversi. La città è apparsa ancora una volta il focolaio delle patologie di massa, proprio come ai vecchi tempi, mentre la montagna si ergeva nell'immaginario a baluardo della salubrità pubblica. I cittadini scappavano in alto per sfuggire al virus e i montanari li ricacciavano a valle come untori. Era la riprova della contraddizione alpina, di quello strano pensare e fare che da un lato beneficia ancora di un tessuto di villaggio capace di solidarietà nei momenti di crisi e dall'altro dipende a filo doppio dal mercato per via del turismo e delle seconde case. Finché arrivava l'ordine – "Lo sci è vietato come gli altri sport" – e immediatamente i portatori di denaro diventavano portatori di malattia, da rimpatriare con urgenza nelle città malsane. Mi pare che la lezione sia piú chiara e pesante che mai, e ancora una volta valga la regola del pensare globalmente e agire localmente, purché non ci si faccia abbagliare dal globale (lontano è bello) né soffocare dal provincialismo (a casa mia comando io e chiudo i recinti). Le Alpi sono un patrimonio mondiale di cui tutti hanno il diritto di godere, non c'è dubbio, però non esiste bellezza al mondo che si salvi se non è amata, frequentata e curata da chi vive appresso. L'illusione di "vendere" le Alpi prima di tutto a chi viene da molto lontano, solo perché ha il portafoglio molto gonfio, cozza con il bisogno, anzi l'urgenza, di una frequentazione intima e consapevole, una cura non soggetta a gusti e mode indotte dal mercato, profondamente inserita nel milieu territoriale, culturale e sentimentale. Il coronavirus ci insegna che se il turismo di massa è fragile, volubile e vulnerabile ai contagi di massa, vivere i luoghi con sguardo partecipe e delicato può essere l'antidoto a molti virus». Lo sguardo partecipe è ciò che spesso manca alla nostra società, la capacità di mettersi nei panni dell'altro, sia esso una persona o un territorio.

Martedí 17 marzo 2020

E cosí sono tre anni. Da quel primo sguardo distratto su mucchio-di-pietre, dalle farraginose pratiche di acquisto e progettazione, dall'apertura di un cantiere impegnativo e ancora in corso, alle prime sospirate sere di neve davanti al caminetto, nel guscio-di-legno quasi completato. Oggi avremmo voluto essere ovviamente lassú a festeggiare, era programmato da tempo. Non si può! L'inedito e surreale blocco degli spostamenti per l'emergenza coronavirus ce lo impedisce. Siamo nel pieno del dipanarsi della storia. Guardiamo con un sospiro le immagini delle webcam di lassú: gran cielo blu, 14 gradi. Comunque sia, in quest'ultimo anno tutte le stagioni del Vazon sono state vissute: abbiamo visto cadere la neve, sentito urlare il vento, siamo stati avvolti dalle nebbie, bagnati dalla pioggia, scottati dal sole bruciante dell'estate, cullati dal tepore dorato dell'autunno. Altre belle annate speriamo ci siano ancora concesse dai Lari e dai Penati. Abbiamo fatto bene o male a buttarci in quest'avventura? Il primo bilancio per noi è positivo, per ora ci sono stati concessi momenti di bellezza impagabile rispetto al prezzo che abbiamo pagato in denaro e in tempo impiegato per arrivare fin qui. Certo, abbiamo messo in questo progetto tutte le risorse di una vita, e – ci tengo a sottolinearlo – sono quelle rimaste dopo il pagamento delle tasse. Potevano essere spese in altro modo, in puro divertimento dissipativo, in crociere e hotel di lusso a spasso per il mondo, in auto potenti, abiti griffati e gingilli preziosi. Tutta fatua entropia ed emissioni di CO_2. Abbiamo scelto invece un percorso piú impegnativo che lasciasse un'eredità concreta al futuro, ai nostri nipoti, a chi verrà dopo: solide pietre ereditate dal passato e tecnologia edilizia d'avanguardia che speriamo durino dopo di noi per altri secoli. Abbiamo voluto che fosse un'operazione transgenerazionale, un usufrutto temporaneo. Che avesse non solo una valenza privata ma pure pubblica, con il testimoniare il recupero del patrimonio edilizio montano, con l'aprire la casa anche a una fruibilità culturale per la collettività. E ne è nata un'esperienza che è il distillato della miglior conoscenza scientifica e umanistica che abbiamo trovato al mondo, anche grazie alla potenza della rete telematica. Migliaia di articoli su riviste internazionali, di libri, di vite di altre persone non ci hanno rivelato soluzione piú bella, piú a misura d'uomo, piú razionale che vivere in piccoli gruppi, autosufficienti almeno sul piano energetico e alimentare, in relazione simbiotica con la natura, traendo piacere dalla conoscenza, dalla cultura, dall'arte, dal convivio, dalla contemplazione del cosmo e rifuggendo dalla competizione, dall'avidità e dalla violenza. C'è ancora ovviamente molto da fare, ci sono contraddizioni che non abbiamo sanato, ma siamo convinti che questo sia il punto piú avanzato a cui siamo giunti. In ogni caso abbiamo messo in pratica ciò che sostenevamo in teoria, ed è stato un atto, sia pur minuscolo ma tangibile, per cambiare in meglio il mondo. Lo sappiamo, non sarà una proposta praticabile per tutti. Ma siamo tutti diversi e ognuno contribuisce al futuro con le proprie risorse. L'importante è che ci sia un senso nelle cose che si fanno, e noi l'abbiamo trovato. Come Mario Rigoni Stern «siamo arrivati a baita».

Ringraziamenti.

Ad Antonella Tarpino e Andrea Bosco della casa editrice Einaudi, che da anni mi incitano a scrivere questo libro perché credono nella montagna. Ai sindaci di Oulx, Paolo De Marchis e Andrea Terzolo, e al sindaco di Salbertrand, Roberto Pourpour, con i quali faticosamente abbiamo iniziato a lavorare per rendere migliore questo angolo di Alpi cosí ricco di storia e di natura. A tutto il team di professionisti progettisti che hanno speso tempo e idee per questa impresa, mia sorella, architetto Elena Mercalli e il suo compagno architetto Dario Miron, gli ingegneri Giovanni Pacchiotti per le strutture portanti e Stefano Perassi per l'analisi energetica, il geologo Stefano Maffeo, insieme ai tecnici di CasaClima di Bolzano e del Piemonte per la certificazione. A Valentina e Claudio del Rifugio La Chardousë, che hanno alimentato con ettolitri di caffè caldo chiunque passasse a lavorare su questo interminabile cantiere montano. Agli artigiani senza i quali il guscio-di-legno non esisterebbe: Gianni Giai per le murature, coadiuvato dal giovane rumeno Gheorghe Nacu; Fabrizio Rosa Brusin per le boiserie; Diego Marzo per gli impianti elettrici e telematici. Ad Arturo Tedeschi, che ha iniziato questa avventura molto prima di noi in una baita ancora piú isolata e complessa da riattare, oggi un esempio di architettura alpina di qualità, per mano della raffinata sensibilità dell'architetto Giorgio Ferraris. Per gli utili scambi di vedute sul futuro montano sono grato a Filippo Barbera dell'Università di Torino, Andrea Membretti di Eurac Bolzano e Federica Corrado di CIPRA Italia e Politecnico di Torino, Marco Bussone e Lido Riba di UNCEM - Unione Nazionale Comuni Comunità Enti Montani, con i quali sono nati progetti che speriamo di trasformare in realtà. A Pasquale D'Andria di Ursa Italia e Gabriele Manservisi del Gruppo Lumi di Bondeno (Ferrara) perché hanno creduto in questo progetto e lo hanno sostenuto con poche parole e tanti materiali, e ai tecnici di ACEA Pinerolese per il rifacimento di acquedotto e fognature. A Michil Costa, albergatore illuminato di Corvara, per gli scambi culturali tra Val Badia e Valle di Susa. A Serenella Iovino, docente di Environmental Humanities all'Università della North Carolina, che mi ha introdotto all'eco-letteratura contribuendo a far nascere questo libro. E ovviamente a tutta la piccola comunità degli abitanti vecchi e nuovi di Vazon.

Riferimenti bibliografici

Stephen E. Ambrose, *Banda di fratelli* (1992), traduzione di S. Mancini, Tea, Milano 2010.

Ammiano Marcellino, *Le storie*, a cura di A. Selem, Utet, Torino 1993.

Elizabeth von Arnim, *Uno chalet tutto per me* (1920), traduzione di S. Garavelli, Bollati Boringhieri, Torino 2018.

Raoul Blanchard, *Les Alpes Occidentales*, Édition Arthaud, Parigi 1938-56.

Matteo Maria Boiardo, *Orlando innamorato*, a cura di R. Bruscagli, Einaudi, Torino 1995.

Laura Bonato e Lia Zola, *Fantastiche montagne. Esseri e luoghi dell'immaginario nelle terre alte*, FrancoAngeli, Milano 2018.

Jacques-Olivier Boudon, *Le plancher de Joachim. L'histoire retrouvée d'un village français*, Gallimard, Paris 2019.

Bertolt Brecht, *Poesie*, traduzione di R. Leiser e F. Fortini, Einaudi, Torino 1959.

Arno Camenisch, *Sez Ner* (2009), versione italiana a cura di R. Gado Wiener, Casagrande, Bellinzona 2010.

Albert Camus, *La peste* (1947), traduzione di B. Dal Fabbro, Bompiani, Milano 1994.

– *Taccuini* (1962), traduzione di E. Capriolo, Bompiani, Milano 2004.

Émilie Carles, *Una zuppa di erbe selvatiche* (1977), a cura di R. Destanque, traduzione di R. Mainardi, Rusconi, Milano 1980.

Antonio De Rossi, *La costruzione delle Alpi*, 2 voll., Donzelli, Roma 2014 e 2016.

Luigi Francesco Des Ambrois de Névache, *Notes et souvenirs inedits*, Bottega d'Erasmo, Oulx (Torino) 1974.

Franco Faggiani, *La manutenzione dei sensi*, Fazi, Roma 2018.

Alberto Folgheraiter, *Villaggi dai camini spenti. Viaggio nella periferia del Trentino del terzo millennio*, fotografie di G. Zotta, Curcu Genovese, Trento 2011.

Carlo Emilio Gadda, *Giornale di guerra e di prigionia* (1955), Garzanti, Milano 1999.

Jean Giono, *Batailles dans la montagne*, Gallimard, Paris 1980.

Ada Gobetti Marchesini Prospero, *Diario partigiano* (1956), Einaudi, Torino 2014.

Aldo Gorfer, *Solo il vento bussa alla porta* (1970), fotografie di F. Faganello, Cierre, Sommacampagna (Verona) 2003.

Jean Hegland, *Nella foresta* (1996), traduzione di B. Anselmi, Playground, Roma 2019.

Hermann Hesse, *La città turistica nel Sud* (1925), in Id., *L'arte dell'ozio*, a cura di V. Michels, traduzione di L. Coeta e A. Martini, Mondadori, Milano 2013.

Jodoco dal Pian del Torchio [Geremia Gios], *Il Borgomastro e il Cancellario. Storie di burocrazia ostruttiva*, Asmel - Associazione per la sussidiarietà e la modernizzazione degli enti locali, Isola (Napoli) 2018.

Alexander Langer, *Quattro consigli per un futuro amico*, Assisi 1994, https://www.alexanderlanger.org/it/143/1193.

Adolf Loos, *Parole nel vuoto* (1962), traduzione di S. Gessner, Adelphi, Milano 1972.

Robert Macfarlane, *Montagne della mente. Storia di una passione* (2003), traduzione di P. Mazzarelli, Einaudi, Torino 2020.

Xavier de Maistre, *Il lebbroso della città d'Aosta* (1811), in Id., *La giovane siberiana*, a cura di A. Fabietti, Bompiani, Milano 1943.

– *Viaggio intorno alla mia camera. Spedizione notturna intorno alla mia camera, I prigionieri del Caucaso, La giovane siberiana* (1794, 1825 e 1843), a cura di A. Bruni, Utet, Torino 1957.

Plinio Martini, *Il fondo del sacco*, Casagrande, Bellinzona 1970.

Guy de Maupassant, *Il ciocco* (1882), traduzione di O. Del Buono, Rizzoli, Milano 2008.

Gavin Maxwell, *L'anello di acque lucenti* (1960), traduzione di A. Pizzetti Vettore, Rizzoli, Milano 1977.

Peter Mayle, *Un anno in Provenza* (1989), traduzione di E. Castellani, Edt, Torino 2010.

Luca Mercalli e Daniele Cat Berro, *Duemila anni di clima in Val di Susa*, Società Meteorologica Subalpina, Moncalieri (Torino) 2018.

Reinhold Messner, *Salviamo le montagne. Un appello di Reinhold Messner*, traduzione di V. Montagna, Corbaccio, Milano 2020.

Alain Montandon, *Désirs d'hospitalité*, Presses Universitaires de France, Paris 2002 [trad. it. *Elogio dell'ospitalità. Storia di un «rito» da Omero a Kafka*, traduzione di M. T. Ricci, Salerno, Roma 2004].

Olivier Paccaud *et al.*, *Guida del naturalista nelle Alpi*, traduzione di C. Caputo *et. al.*, Zanichelli, Bologna 1973.

Cesare Pavese, *Dialoghi con Leucò* (1947), Einaudi, Torino 2020.

Fernando Pessoa, *Un'affollata solitudine. Poesie eteronime*, a cura di P. Ceccucci, Rizzoli, Milano 2012.

Francesco Petrarca, *Epistole metriche*, III, 24, *Ad Italiam*, in Id., *Rime, trionfi e poesie latine*, a cura di F. Neri, G. Martellotti, E. Bianchi e N. Sapegno, Ricciardi, Milano-Napoli 1951.

– *Familiarium Rerum Libri*, III, 18, in Id., *Epistole*, a cura di U. Dotti, Utet, Torino 1978.

Angelo Poliziano, *Stanze*, in Id., *Poesie Italiane*, a cura di S. Orlando, Rizzoli, Milano 1988.

Eugène Rambert, *Les Alpes Suisses*, 5 voll., H. Georg, Bâle-Genève 1865-75.

Charles-Ferdinand Ramuz, *Paura in montagna* (1925), traduzione di G. Zoppi, Casagrande-Longanesi, Bellinzona-Milano 1980.

Fritz Reuter, *Quand'ero agricoltore* (1862-64), traduzione di M. Andreis, Edizioni Paoline, Roma 1961.

Mario Rigoni Stern, *Amore di confine*, Einaudi, Torino 1986.

– *Arboreto salvatico*, Einaudi, Torino 1991.

Mario Rigoni Stern. Un uomo, tante storie, nessun confine, a cura di A. M. Cavallarin e A. Scapin, Priuli & Verlucca, Scarmagno (Torino) 2018.

Enrico Rizzi e Luigi Zanzi, *Le Alpi, architettura e civilizzazione*, Fondazione Enrico Monti, Anzola d'Ossola (Verbania) 2016.

Friedrich Schiller, *Guglielmo Tell* (1804), a cura di S. Sbarra, Einaudi, Torino 2002.

Giovanni Simonis, *Costruire sulle Alpi*, Tararà, Verbania 2005.

Mario Soldati, *La carta del cielo*, a cura di N. Ginzburg, Einaudi, Torino 1980.

David Maria Turoldo, *O sensi miei... Poesie 1948-1988*, note introduttive di A. Zanzotto e L. Erba, Rizzoli, Milano 2002.

Eugenio Turri, *Villa veneta* (1977), Cierre, Sommacampagna (Verona) 2002.

Mauro Varotto, *Montagne di mezzo. Una nuova geografia*, Einaudi, Torino 2020.

Serena Vitale, *La casa di ghiaccio. Venti piccole storie russe*, Mondadori, Milano 2000.

Edward O. Wilson, *La conquista sociale della Terra* (2012), a cura di T. Pievani, Raffaello Cortina, Milano 2013.

Marguerite Yourcenar, *Memorie di Adriano* (1951), traduzione di L. Storoni Mazzolani, Einaudi, Torino 1963.

Luigi Zanzi, *Opus montanum. Scritti sulla montagna*, 5 voll., il Mulino, Bologna 2018.

Appendice

CARTA DI VAZON
PER IL RECUPERO DELLE BORGATE ALPINE

Piccolo vademecum all'indirizzo degli amministratori per recuperare le borgate montane evitando danni irreversibili

Cosa fare

- Restaurare le vecchie abitazioni nel rispetto delle tipologie architettoniche del luogo.
- Introdurre discretamente innovazioni tecnologiche per il risparmio energetico: isolamento termico, serramenti di qualità in legno, pannelli fotovoltaici e collettori solari termici, pompe di calore.
- Realizzare una comunità energetica per l'autoconsumo locale, alimentata prevalentemente a fonte fotovoltaica ed eventuale microidroelettrico sugli acquedotti o piccoli corsi d'acqua.
- Illuminazione pubblica molto limitata, con accensione comandata sul posto e sensore di presenza al passaggio persone: permette risparmio energetico e mantenimento dell'osservabilità della volta celeste notturna.
- Ripristino muretti a secco di sostegno delle strade e dei campi prima che crollino.
- Pavimentazione della viabilità pedonale con pietre a spacco/acciottolato in luogo di asfalto/cemento.
- Favorire luoghi di sosta e contemplazione con spiegazioni sul territorio (panchine/bacheche).
- Installare nei luoghi di attestamento come i parcheggi fuori dal concentrico delle toilette pubbliche, anche del tipo a secco, che non necessitano di impianto idraulico e non subiscono danni da gelo invernale (*toilettes sèches* a compostaggio, molto diffuse in Francia, da non confondere con i wc chimici a uso temporaneo).

- Sviluppare nuove forme di piccola manutenzione locale dei beni comuni, coinvolgendo gli abitanti delle borgate isolate a fronte di modesti sgravi sulle tasse comunali (*corvées* rivedute e attualizzate).
- Informare i frequentatori su storia e geografia locale, con istruzioni per l'uso e il rispetto della borgata (sobrie bacheche, cartine, dépliant e siti web).
- Favorire la mobilità elettrica, silenziosa e senza emissioni.
- Riattivare piccola agricoltura e allevamento di qualità, per alimentare filiera e commercio locale.

Cosa NON fare

- Non costruire nuovi manufatti o edifici su terreni agricoli o forestali; limitarsi a recuperare e manutenere l'esistente.
- Non installare illuminazione pubblica continua e invasiva di tipo urbano.
- Non sostituire con calcestruzzo i muretti a secco stradali e agricoli.
- Non asfaltare o cementare la viabilità pedonale e i parcheggi.
- Non aggiungere suppellettili di materiali estranei al territorio: plastica, metalli lucidi, colori innaturali.
- Non ampliare le strade per auto.
- Non costruire parchi giochi, parchi a tema, infrastrutture e oggetti per il divertimento: la bellezza della montagna è sufficiente!
- Non indire megaeventi urbani in montagna. Al chiasso, alla musica alta, al rumore delle moto, sostituire poesia, scienza, letteratura, musica non invasiva.
- Non inseguire la crescita continua del flusso turistico o delle attività commerciali, ma stabilizzarle rispetto agli spazi e alle risorse locali.

MANIFESTO DI CAMALDOLI PER UNA NUOVA CENTRALITÀ DELLA MONTAGNA*

1) *Affermare* la visione delle montagne italiane come peculiare patrimonio di valori, risorse e saperi per il futuro del paese.

Piú di un terzo del nostro territorio nazionale è considerato montagna. Pur essendo caratterizzato da notevoli diversità (di ordine geologico, climatico, idrologico, ecologico, storico, antropologico, sociale, economico e istituzionale), esso presenta molte specificità e problemi comuni che lo differenziano dal resto del paese. Questa differenza va riconosciuta e trattata in modo adeguato.

Nelle nostre montagne ci sono valori, risorse e cambiamenti positivi in atto che meritano di esser messi al centro dell'attenzione, delle pratiche e delle politiche, in netta antitesi con un'idea di montagna come mondo statico, arretrato, poco produttivo, ovvero come semplice assenza di ciò che caratterizza la pianura. Le terre alte si distinguono per la straordinaria ricchezza e varietà del patrimonio ambientale, paesaggistico, architettonico e storico-culturale, per la presenza di infrastrutture (percorsi, versanti terrazzati e altri manufatti rurali) disponibili al riuso, per la rete policentrica degli insediamenti e dei sistemi socio-produttivi modellata sulla varietà del rilievo e delle sue condizioni climatiche, per le risorse potenziali idriche, energetiche, agro-pastorali, forestali e turistiche, per una biodiversità agricola alimentare e culturale. Sono tutte caratteristiche che fanno della montagna un contesto particolarmente adatto a sperimentare innovazioni rivolte a coniugare tutela e produzione.

Pur in presenza di una ricchezza patrimoniale particolarmente resiliente, la montagna del XXI secolo dovrà fronteggiare rilevanti minacce ambientali, alcune endemiche, altre derivanti dai cambiamenti climatici e dagli eventi connessi: la scomparsa dei ghiacciai, la riduzione dell'innevamento necessario agli sport invernali, i crolli rocciosi dovuti alla fusione del permafrost, l'aumento dell'instabilità dei versanti e dell'erosione del suolo conseguente all'aumento e all'intensità delle precipitazioni, la frequenza di eventi meteorologici estremi, la migrazione altimetrica delle specie vegetali e animali. La crisi climatica fa crescere l'importanza della montagna: permette di introdurre nuove colture in quota, mentre le pianure, colpite da siccità, calure estive e inquinamento atmosferico, stanno facendo crescente ricorso alle risorse idriche, climatiche e forestali dei loro retroterra montani.

Tutto fa pensare che nel XXI secolo la montagna sia destinata a diventare un nodo strategico dell'assetto non solo territoriale, ma anche culturale, economico e ambientale, dell'Italia intera. Una montagna frequentata, abitata e produttiva, che presidia il territorio, preserva la piena funzionalità dei servizi ecosistemici, riduce i rischi naturali, salvaguarda il patrimonio, contribuisce all'occupazione e al reddito nazionale, diventa un laboratorio di nuovi stili di vita e di integrazione sociale.

2) *Sostenere* quanti («restanti», «ritornanti», «nuovi abitanti») restituiscono centralità alla montagna come luogo di vita e di produzione.

Il principale problema comune alle nostre montagne continua a essere lo spopolamento e l'abbandono delle terre. Esso non dipende da cause naturali, ma dal fatto che nel secolo scorso vaste zone interne sono state impoverite da un modello di crescita che, in assenza di politiche adeguate, non offriva alternative all'esodo verso i poli urbani e industriali della pianura e delle coste.

Pur avendo – gli Appennini in Italia e le Alpi in Europa – una posizione geografica centrale, le nostre montagne continuano a essere considerate «marginali» rispetto ai territori dove si concentrano gli agglomerati urbani, le produzioni di beni materiali e di conoscenza. Senza una loro autonomia politico-amministrativa e funzionale i territori montani rischiano di diventare spazi di risulta di cui disporre per risolvere i problemi delle metropoli.

Grazie a valori di cui il «centro» difetta, i «margini» montani hanno le potenzialità per divenire un laboratorio dove ruralità e urbanità innovative si fondono per dar vita a una nuova civilizzazione, con effetti rigenerativi sulla vita stessa delle metropoli. I loro valori patrimoniali cominciano oggi a esser visti come un insieme di risorse che possono rendere le comunità locali resilienti, in quanto basate su una cultura del limite, sulla peculiarità dei prodotti e su una qualità della vita superiore.

Negli ultimi tempi un «ritorno alla montagna» è stato praticato, tra molte difficoltà, da giovani nativi, da «ritornanti» e da «nuovi montanari» per scelta. Non si tratta di grandi numeri, ma sufficienti a evidenziarla come un'alternativa praticabile e soddisfacente, che aiuterebbe i «margini» a farsi «centro» se fosse sostenuta da politiche pubbliche adeguate.

Esistono già le premesse per questa trasformazione. Con il graduale venir meno del divario tra città e campagna, perde significato la vecchia contrapposizione tra una montagna rurale «marginale» e un «centro» che si identifica con le maggiori città. Tra di esse e la montagna si riducono le differenze culturali, mentre crescono i rapporti di complementarietà grazie ai quali i grandi agglomerati pedemontani beneficiano gratuitamente o quasi di servizi ecosistemici ed ecoterritoriali che riguardano l'approvvigionamento idrico e idroelettrico, la prevenzione dei rischi idrogeologici, la tutela ambientale e paesaggistica e quant'altro dipende dal presidio, dalla cura e dalla manutenzione dei retroterra montani da parte dei residenti e delle imprese locali. Tuttavia i vantaggi che ne traggono le aree forti dell'avampaese sono scarsamente ricompensati, mentre i territori e le società montane continuano a dipendere fortemente da esse.

Il superamento di questa dissimmetria può prendere a modello il legame reciprocamente vitale delle città interne alla montagna con i loro territori rurali. Ma ciò richiede una capacità di autogoverno che permetta ai territori montani di valorizzare e gestire autonomamente le proprie risorse. Solo cosí si potrà parlare di due centralità, quella di vecchio tipo, che pone le metropoli al vertice della gerarchia territoriale, e quella nuova urbano-rurale di tipo policentrico-solidale. Esse non sono necessariamente contrapposte. Se considerate in una dimensione territoriale piú vasta e con un grado di autonomia capace di modificare i rapporti attuali di dominanza-dipendenza, possono dar luogo a sistemi territoriali tra loro complementari, basati su scambi reciprocamente vantaggiosi.

3) *Fondare* la centralità della montagna sullo sviluppo locale integrato, autosostenibile, agro-ecologico, bioregionale, inclusivo, comunitario.

La nuova centralità della montagna deriva dai valori e dalle potenzialità del suo patrimonio e dal fatto che le terre basse dipendono da quelle alte per ecoservizi vitali, tra cui l'approvvigionamento idrico, la regimazione delle acque correnti, la prevenzione del rischio idro-geologico. Nella grandiosità di un patrimonio montano in buona parte dimenticato, il paesaggio ha un ruolo essenziale, poiché ci mostra l'ambiente montano come una costruzione umana millenaria, un vero e proprio «manufatto», prodotto di equilibri artificiali continuamente ricreati in un rapporto interattivo con la natura originaria dei luoghi, basato su regole di adattamento e di trasformazione consolidate, attento al rispetto di quei limiti che la modernità tende a violare.

Cosí come nel passato il rapporto co-evolutivo con gli ecosistemi locali si è basato essenzialmente su usi produttivi del suolo, anche oggi il recupero produttivo della montagna interna richiede un approccio integrato in cui le attività manifatturiere e terziarie operino come componenti di un organismo territoriale reso vivente e resiliente da una base agro-silvo-pastorale di piccole e medie imprese territorialmente responsabili e da nuove forme reticolari di urbanità rurale. Va inoltre tenuto presente che la forte specializzazione, in particolare quella turistica, è poco sostenibile in montagna, dove prevale la compresenza di piú settori e la multifunzionalità delle imprese. Le potenzialità di un nuovo sviluppo, e la sua autosostenibilità nel tempo, si fondano sulla peculiarità, unicità e ricchezza del patrimonio ambientale, energetico, insediativo, paesaggistico, relazionale e culturale. In questo contesto un ruolo importante nel coniugare istanze non oppositive di conservazione e innovazione può essere anche svolto dai parchi nazionali e regionali, che occupano una grossa parte della superficie montana.

L'idea che la montagna lasciata alle forze della natura ritrovi da sola un equilibrio stabile – la cosiddetta ri-naturazione – è del tutto infondata. Come tutti i manufatti la montagna richiede manutenzione. In netto contrasto con i comportamenti odierni di tipo distruttivo e predatorio, va riscoperta la tradizionale cultura del limite, che dovrà anche presiedere all'uso produttivo della terra, ai consumi di suolo e agli altri usi del territorio. La naturalità va gestita. In particolare va governata l'espansione della boscaglia a scapito di pascoli e terre coltivabili. Una gestione forestale consapevole deve tutelare le foreste mature e la produzione di servizi ecosistemici essenziali. Va anche tenuto presente che il silenzio, la lentezza e il rapporto con le sue componenti naturali rendono la montagna un dispositivo di salute fisica e mentale.

Occorre dunque lavorare a uno scenario alternativo a quello della città che invade la montagna, della proliferazione delle seconde case, delle piste da sci sempre piú dipendenti dall'innevamento artificiale e dal prelievo idrico. Nuovi modelli di vita, di socialità e di compresenza culturale richiedono un'alleanza fra anziani restanti, depositari di saperi contestuali, e «nuovi montanari» innovativi. Vi concorrono iniziative e nuovi strumenti come cooperative di comunità, ecomusei che attivano coscienza di luogo, osservatori del paesaggio, comunità del cibo, feste paesane «sagge», forme attive e inclusive di valorizzazione delle minoranze linguistiche e di integrazione dei migranti.

4) *Rendere concreta* questa prospettiva di sviluppo
con un progetto nazionale di neopopolamento della montagna
che crei diritti, convenienze e statuti di donne e uomini liberi.

Per uscire dalla sua fase «eroica», la tendenza a riabitare la montagna richiede politiche innovative a sostegno sia di chi già vi abita e vi lavora, sia delle famiglie e delle imprese che intendono trasferirvisi per ri-attivare in modo sostenibile gli spazi dell'abbandono. In ogni caso il neopopolamento dovrà puntare alla qualità dei rapporti e all'intensità relazionale e non ad accrescere senza limiti il numero degli abitanti.

Il ritorno alla montagna – e prima ancora il diritto di chi ci nasce a restarvi – si deve sostanziare in un grandioso progetto promosso dal governo centrale insieme agli enti territoriali e agli attori locali, comprendente un insieme di azioni che valorizzino le nuove convenienze a vivere e a lavorare in aree montane, specie in quelle piú bisognose di recupero. Oltre alle infrastrutture e ai servizi essenziali già previsti dalla Strategia nazionale per le aree interne e dall'Agenda digitale, servono centri di accesso facilitato ai servizi telematici, scuole, anche di alta formazione, facilitazioni per le famiglie e le imprese di nuovo insediamento, incentivi, anche normativi, per attivare forme di economia circolare, per la formazione di filiere produttive basate sull'uso durevole del patrimonio, a cominciare dalla lavorazione del legno, dei latticini, delle conserve alimentari e delle altre materie prime di origine locale.

Al fine di garantire a chi vi abita e vi opera parità di condizioni con il resto del paese, occorrono norme differenziate, appropriate alle condizioni di vita e di lavoro specifiche della montagna, specie in materie come l'agricoltura di piccola scala, i contratti forestali, l'edilizia, l'igiene, gli obblighi fiscali e burocratici. In particolare occorre una legge-quadro nazionale per il recupero dei terreni agricoli incolti, dei pascoli e dei boschi, per facilitare l'accesso dei giovani alla terra e per affidare la gestione delle terre abbandonate a strutture comunitarie, come le cooperative di comunità.

La spesa pubblica per la montagna deve superare la logica assistenziale ed essere vista in funzione di questo grande progetto di recupero di spazi di vita e di risorse, quindi come un investimento vantaggioso per tutto il paese. Essa deve essere accompagnata da politiche specifiche e progetti di territorio partecipati dalle comunità della montagna.

5) *Promuovere* nuove forme di autogoverno comunitario,
ispirate alla autonomia storica della montagna,
capaci di contrastare la dipendenza e di promuovere
una nuova civilizzazione che scende verso le pianure, le coste,
il Mediterraneo, l'Europa.

La montagna non può essere gestita in modo «coloniale» da attori esterni che non ne comprendono le esigenze, le specifiche condizioni di vita, di produzione, di cultura.

Nella lunga durata storica l'interazione delle società locali con l'ambiente montano ha generato forme di organizzazione sociale e giuridico-istituzionale caratterizzate da democrazia partecipativa, autonomia, solidarietà, associazionismo, cooperazione, gestione comunitaria di beni comuni (usi civici) e collettivi. I valori fondamentali da riscoprire e preservare sono un forte senso civico delle comunità, la subordinazione del profitto individuale al benessere comune, la salvaguardia, la valorizzazione e la riproduzione innovativa dei beni patrimoniali e quindi la non alienabilità dei beni comuni e collettivi, la loro gestione e il loro uso comunitario.

Oggi una certa autonomia di governo è riservata solo alle Regioni e alle Città metropolitane, per cui quasi dappertutto il governo effettivo delle montagne dipende da altri luoghi, caratterizzati da altre priorità e valori. Lo sviluppo di forme di autogoverno proprie della montagna, che tengano conto della peculiarità di ogni contesto è fondamentale per evitare la dipendenza e per sviluppare relazioni autonome sia tra territori al suo interno, sia con le grandi città della pianura e con il resto del mondo. A tale scopo occorrono autonomie specifiche, con regimi differenziati rispetto ai territori non montani, necessarie anche per promuovere la «risalita» di abitanti e produttori.

Da questo punto di vista una spesa pubblica straordinaria può essere controproducente, se non concorre all'attivazione di articolati istituti di autogoverno, in grado di promuovere relazioni virtuose tra popolazione e risorse. Il rilancio di forme di democrazia comunitaria che siano in grado di restituire autonomia alle comunità locali e alle loro reti di relazione interne ed esterne è essenziale per attivare le risorse sociali latenti, per produrre innovazioni appropriate alle specificità del territorio montano, anche riattualizzando le buone pratiche del passato e le conoscenze tradizionali alla luce della contemporaneità.

Va rivista l'articolazione istituzionale dei territori montani, come momento formale di partecipazione dei nuovi istituti di autogoverno alle decisioni pubbliche, la cui rappresentanza negli ultimi anni è stata ulteriormente indebolita. Vanno individuate forme di cooperazione intercomunale capaci di organizzare i vari livelli del «locale», da quello delle piccole borgate che non sempre si riconoscono nei comuni di appartenenza, a quello di aggregazioni sovracomunali di «area vasta» abbastanza stabili e omogenee per svolgere efficacemente funzioni che richiedono professionalità tecniche e gestionali di cui i singoli comuni sovente non dispongono. Infine occorre garantire nuove arene pubbliche in cui vecchi e nuovi abitanti abbiano voce e possano confrontare dialogicamente le proprie posizioni, creando comunità di progetto. Quindi l'intercomunalità di area vasta non deve ridursi alla sola gestione associata dei servizi, ma deve anche e soprattutto assicurare a opportune aggregazioni di comuni la capacità di operare con continuità come agenti collettivi di strategie specifiche per lo sviluppo autosostenibile.

---

* Il Manifesto è stato promosso dalla Società dei Territorialisti/e (www.societadeiterritorialisti.it). La «commissione montagna» della SdT, attiva dall'incontro di Firenze del 29 gennaio 2019, coordinata da Giuseppe Dematteis e Alberto Magnaghi, è composta da Fabio Baroni, Luisa Bonesio, Aldo Bonomi, Enrico Ciccozzi, Pietro Clemente, Federica Corrado, Dimitri D'Andrea, Luciano De Bonis, Lidia Decandia, Carlo Alberto Gemignani, Marco Giovagnoli, Claudio Greppi, Giampiero Lombardini, Giancarlo Macchi Janica, Anna Marson, Diego Moreno, Daniela Poli, Rossano Pazzagli, Marco Revelli, Andrea Rossi, Massimo Rovai, Antonella Tarpino, Camilla Traldi. Questo testo sintetizza le osservazioni e le integrazioni alla «Bozza di Manifesto» presentata al convegno La nuova centralità della montagna (Camaldoli, 8-9 novembre 2019), che sono state discusse nel corso del convegno stesso. Hanno collaborato all'organizzazione del convegno: tsm|step Scuola per il Governo del Territorio e del Paesaggio, «Dislivelli», Rete Montagna, SISEF, Legambiente, FAI, Symbola, CIPRA Italia, DIDA Unifi, DIST-PoliTo, Mountain Wilderness, UNCEM, Ministero dell'Ambiente e della Tutela del Territorio e del Mare, Convenzione delle Alpi, Unimont - Progetto Italian Mountain Lab, AASTER, IAM-PoliTo, Eurac Research, AGEI, Archivio Osvaldo Piacentini, Comitato scientifico centrale CAI - Gruppo Terre Alte, NEMO, Carta dell'Appennino, Centro Studi Valle Imagna, Fondazione Franco Demarchi, Fondazione Nuto Revelli, AISRE, IRES Piemonte, SNAI Comitato scientifico, Accademia delle Alte Terre, ARIA - Centro di Ricerca per le Aree Interne e gli Appennini - Università del Molise, Unione Comuni Montani del Casentino/Ecomuseo del Casentino, Ecomuseo delle Alpi Apuane, Alleanza mondiale per il paesaggio terrazzato, Fondazione Comelico Dolomiti, Ordine degli architetti della provincia di Arezzo.

Stampato per conto della Casa editrice Einaudi
presso ELCOGRAF S.p.A. - Stabilimento di Cles (Tn)

C.L. 24472

Ristampa						Anno			
1	2	3	4	5	6	2020	2021	2022	2023